BリーグのオールスターでMVPに輝く
（2020年1月18日、札幌・北海きたえーる）

入団会見で健闘を誓う。右は桜井、左は東野ＨＣ
（2007年５月28日、サッポロファクトリー）

東野ＨＣが見守る中、必死に体を動かす
（2007年９月４日、札幌・きたえーる）

ホーム開幕戦で３点シュートを放つ。
18得点で勝利に貢献した
（2007年10月20日、札幌月寒アルファコートドーム）

超満員のファンとともに歓喜に浸る
（2007年10月20日、札幌月寒アルファコートドーム）

山田にパスを繰り出そうとする
（2009年3月6日、神奈川・小田原アリーナ）

富山戦で３点シュートを放つ
（2016年１月28日、富山市総合体育館）

目次 Contents

折茂武彦 弧を描く

佐藤大吾
（北海道新聞）

北海道新聞社

こどもクラブ

主な登場人物

折茂武彦…Bリーグ現役最年長の49歳。3点シュートの精度は日本一と言われる。レバンガ北海道の運営会社社長兼選手

桜井良太…折茂の13歳年下。常勝軍団のトヨタ自動車アルバルクから、折茂と一緒にレラカムイ北海道に移籍した。時には折茂に辛口なコメントも言う。折茂とは「家族のような関係」

東野智弥…折茂や佐古と同学年で、レラカムイ北海道の初代ヘッドコーチ。折茂と桜井を北海道に誘った

佐古賢一…愛称はケン。「ミスターバスケットボール」と呼ばれたスター選手。折茂とは高校時代から付き合いがあり、盟友

吉田長寿《ちょうじ》…愛称は長《ちょう》さん。日本バスケットボール協会の役員として、リーグから除名されたレラカムイ北海道を引き継いだ「北海道バスケットボールクラブ」を運営。日大では折

茂の1学年上でマネジャーだった

野口大介…道南の七飯町出身。レラカムイ北海道の初期メンバーの1人。シャイな性格のビッグマン。妻は元日本代表の船引まゆみ。折茂が主催した飲み会で知り合った

山田大治…トヨタ自動車、レラカムイ北海道で折茂と一緒にプレー。関西弁でユーモアのある言葉が特徴。心優しきビッグマン

伊藤大司…2017~18シーズンにアルバルク東京からレバンガ北海道に期限付き移籍。敵と味方の両面から折茂のプレーを見た

折茂輝文…折茂家の4人きょうだいの長男。輝文がバスケットボールをやっていた影響で折茂もバスケットボールを始めた

折茂利佳…折茂の妻

沼村　詩《うた》…レラカムイ北海道運営会社の元社員。最初は折茂が大嫌いだったが…

美山正広…レバンガ北海道のメインスポンサーである正栄プロジェクトの社長

バスケットボール用語説明

Bリーグ…NBLとTKbjリーグが統合して2016年に始まった。18チームが所属する1部は「B1」と称する。東、中、西の3地区制を採用。レバンガ北海道は強豪チームが揃う東地区にいる

試合…1チーム5人がコートに立つ。選手交代は何度でも可能。10分間のクオーター（Q）を4回、計40分間で戦う

ヘッドコーチ…指揮官。少し前まで日本では主に「監督」と呼ばれていた

3点シュート…リングから6・75メートル離れたスリーポイントラインよりも外側からシュートを入れると3点が入る。スリーポイントラインより内側から入れると2点

フリースロー…相手の反則により、エンドラインから5・8メートルの位置から打つシュート。1回入れると1点

リバウンド…シュートが外れたボールを取るプレー

スクリーンプレー…攻撃時、味方の選手が動きを止めて壁となるのを利用し、マークしている相手を引き離すプレー。壁となる選手をスクリーナーと呼ぶ

ピックアンドロール…ボールを保持している選手がスクリーナーを使ってマークしている選手を引き離した後、スクリーナーがゴール方向に動いてパスを受けるプレー

マンツーマンディフェンス…守備の戦術の一つ。一対一で守る

ゾーンディフェンス…守備の戦術の一つ。コート内をゾーン（地域）に分け、自分の受け持つエリアに入ってきた相手に対して守る

ゾーンプレス…守備の戦術の一つ。ゾーンディフェンスを基本に、ボールを奪うため積極的に相手にプレッシャーを掛ける

バスケットボールのポジション

ポイントガード（ＰＧ）…１番と呼ばれる。ボールを保持し、選手に指示を出す。「司令塔」「コート上の監督」とも言われる

シューティングガード（ＳＧ）…２番。３点シュートなどゴールの遠くでプレーするのが得意な選手が多い。折茂が主に務めたポジション

スモールフォワード（ＳＦ）…３番。ゴールに向かって積極的にアタックしたり、アウトサイドでプレーしたりと万能型の選手が多い

パワーフォワード（ＰＦ）…４番。ゴール下の周辺で動き回り、得点を狙う

センター（Ｃ）…５番。チーム内で最も身長のある選手で、ゴール下で体を張った力強いプレーをする

プロローグ

折茂武彦は暗闇にいた。

札幌市内のマンションの自室。ベッドに横たわったまま、動けない。いつも付けっぱなしだったテレビも画面は真っ暗だ。テレビから人の声がするのが嫌だった。人と話をしたくなかった。音のない、静かな世界に41歳はいた。

疲れ切っていた。気力が枯渇していた。ベッドに潜っても寝られないまま、窓の外が白々と明るくなってきた。こんな朝をもう何度経験しただろうか。頭はぼうっとして、体は言うことを聞かない。こんなのは人生で初めてだ。それでも太陽が昇ればまたスポンサー獲得のための営業回りに出掛けないといけない。北海道にプロバスケットボールチームを残すのが今の自分の仕事だから。

「チームを残すのは俺の自己満足？　世の中からチームが本当に必要とされているのか？もしそうなら、応援してくれる企業が現れてもいいじゃないか」と自問自答を繰り返した。スーツを着て毎日営業し、頭を下げて支援を訴えるたびに、神経をすり減らした。もともとと人前で話すのは得意ではない。疲労しきった自分を見かねたスタッフが最近、1日に回る会社の数を減らしてくれた。

先日まではただの選手。オフシーズンは、完全に休養期間だ。チーム練習が始まっても、全体練習の時間以外はすべて自分のものだった。ところが、チームの運営を引き受けたその日から、自分の時間がなくなった。これが選手と経営者を兼ねるということか。

寝られなくなったのは、営業のストレスが原因だ。なんとか寝付き、はっと目を覚ますと、30分とか1時間しか経っていない。精神安定剤や睡眠導入剤を飲んでも、2時間寝るのがやっと。医師に「一番きついやつにしてくれ」とお願いし、強力な薬に頼るようになった。

食事をとれなくなり、体重は7、8キロほど減った。携帯電話が鳴るたびに、「この電話でまた何かを決めなくてはいけないのか」と憂鬱になった。着信音が聞こえるだけで仕事を思い出して気持ち悪くなった。もう、食事どころではないのが現状だ。

携帯電話がまた鳴った。電話の電源を切って放り投げた。しばらくすると、今度はマンションの部屋の呼び鈴が鳴った。もう、無視を決め込もう。

「どうしてこんなことになったのか。俺はただファンのためにチームを残して、北海道でバスケットボールを続けたいだけなのに…」

第1Q プロ選手

北海道へ

「いろいろと相談がある。話がしたいから会わないか」

誘いは突然だった。２００７年春、声を掛けてきたのは東野智弥。折茂と同学年の元選手で、日本代表のアシスタントコーチ（ＡＣ）だった人物だ。旧知の仲だが、「いまは忙しい」と何度も断った。それでも東野があまりにしつこく電話してくるので、仕方なく自宅近くにある東京都内のロイヤルホストで落ち合った。

「北海道にプロチームができる。日本のバスケットボールを一緒に変えよう」

折茂は36歳。トヨタ自動車アルバルクではベンチを温める時間が多くなっていた。

「お前はまだできる。北海道に来ればもう一花咲かせられる。新しいチームといっても、俺がヘッドコーチをするから大丈夫だ」

言葉が胸に刺さった。

折茂には「トヨタを常勝軍団にしたのは俺だ」との自負がある。日本大4年の全日本学生選手権（インカレ）でMVPに輝き、まだ弱かったトヨタ自動車ペイサーズ（後にトヨタ自動車アルバルク）に入社した。長い時間をかけて、会社の幹部に掛け合い、練習環境を整えてきた。クラブハウスもウエートトレーニング室も建ててもらった。そのかいあって、入社から9季目でチームが初優勝した。常勝チームにするため、その後も強い選手をチームに引き入れた。日本代表の高橋マイケルを六本木のバーで勧誘し、同じく日本代表の古田悟もトヨタに誘い入れた。

トヨタ自動車最大の功労者が、いまではベンチから試合を見る時間が増えた。30歳前後で会社から「そろそろいいだろう」と言われ、コートを去っていった先輩たちを多く見てきた。36歳で現役選手をしていること自体が異例だった。

「第一線で戦えるのもあと2年くらい。必要とされていないチームにこれ以上いる意味があるのか」と感じていた。プロバスケットボール選手を目指してきたが、今の立場はトヨタ自動車の契約社員。北海道にできたばかりのプロチームでプロ選手を経験してから引退してもいいかな、と少しだけ思った。

年俸は、当時のバスケットボール選手としては破格。粘り強い交渉のおかげだ。いや、実績十分だったからこそ、強気の交渉ができたのだ。一般的なサラリーマンの年収の数倍はある。ベンチスタートが多くなったのは、ここ2シーズン、外国人のヘッドコーチ（HC）とうまくいってないからだ。決して実力がそれほど衰えたわけではない。ヘッドコーチが代われば、最後に活躍して引退できるかもしれない。やっぱりトヨタ自動車に残ろう。

「本当に北海道には行きませんから。俺、寒いのは嫌いだし」

北海道は最も「ありえない」場所だった。寒いのが苦手で、オフシーズンは沖縄でリフレッシュしてきた。沖縄のチームなら考えてもいいが、北海道のチームはちょっと…。

何度断っても東野の誘いは続き、毎日のように連絡してきた。携帯電話の電源を切っても、東野は「そろそろ電源を入れる頃だろう」と見計らい、電話を掛けてきた。

「俺はトヨタを動けないよ。俺が移籍したらバスケットボール界に激震が走るよ」

日本代表を長く務めてきた。前年に日本で開催した世界選手権は全試合に先発出場した。最も名前が知られた現役の日本代表選手が、北の地にできたばかりのプロチームに移籍したら、それはちょっとしたニュースだ。

折茂は誘いを断りながらも、気持ちのどこかで選手として必要とされていることにうれしさを感じていた。

良太を行かせよう

煮え切らない折茂に対し、東野は「じゃあ、桜井はどうだ」と、同じトヨタ自動車にいる桜井良太の名前を出した。折茂も「それがいいよ。俺の代わりに良太を北海道に行かせよう」と軽く返事した。いくら桜井が若手とはいえ、折茂に桜井の人事権はひとかけらもないのだが。

桜井良太、24歳。愛知学泉大時代から日本代表に選ばれ、トヨタ自動車入りして2季目の超有望株だ。前年の世界選手権では折茂とともに日本代表として出た。ただ、トヨタ自動車ではまだ、スターターに定着していなかった。

「桜井伝説」は高校時代に始まった。三重県立四日市工高3年の時の全国高校選抜優勝大会（ウインターカップ）。秋田の名門、能代工高と当たった試合で桜井は51得点を挙げて快勝した。全国優勝を何度も経験している能代工高にとって、これがウインターカップで初めての初戦敗退だった。桜井は１９９０年代に一世を風靡した人気漫画「スラムダンク」のイケメン選手、流川楓にプレースタイルが似ていることから「リアル流川」とも呼ばれた。甘いマスクで女性からの人気も高かった。

日本人離れ

折茂が初めて桜井を見たのは、桜井が大学4年の時。すでに日本代表入りし、トヨタ自動車に内定していた。折茂は日本代表を辞退していた時期で、桜井のプレーを見たことがなかった。折茂の高校時代からの親友で、ライバル実業団チームに所属する佐古賢一が「今度トヨタに行く桜井はいいよ」と評価していたから、気になる選手だった。

2004年10月、折茂は埼玉国体に出ていた桜井を見るため、会場に足を運んだ。「2メートルくらいの選手の上からダンクを決めていて、なんだこいつはと思った」と振り返る。桜井は194センチ。190センチの折茂より大柄ながら「ドリブルはうまいし、速いし、どんなプレーもできる」と目を見開いた。

桜井は身体能力が日本人離れしており、将来は日本バスケットボール界を背負う逸材と期待されていた。鳴り物入りでトヨタ自動車に入ったものの、まだ十分なプレータイムを得ていなかった。入団1季目の2005～06シーズンは全26試合のうち、先発はわずか2試合。1試合平均は2・7得点。2季目は先発出場がゼロで、平均4・8得点。桜井は「悔しいというよりも、日本代表として恥ずかしかった」と当時を振り返る。

桜井の入団当初こそ、折茂は「入ったばかりの若造に、俺の方からあいさつなんてするか」とつれない態度だったが、しばらくたつと普通に仲良くなった。というのも、折茂はトヨタの若手選手をよく食事に連れ出したからだ。「良太は顔中ニキビだらけで、何も知らない純粋な若者だった」。地方から出てきた13歳年下の後輩に、外遊びを教えた悪い先輩が折茂だった。飲んだ後の最後の〆はだいたいラーメン。酒に弱く、腹が膨れて何も食べられなくなった桜井に対し、折茂は「お前、ラーメンをかき混ぜているだけで全然食べてないじゃねえか」といじり倒した。折茂は後輩を連れて行く時は必ず食事代を持った。それが、トヨタ自動車と日本代表を引っ張ってきた折茂の矜持だった。

先に声を掛けられたのは

東野に誘われた桜井は「もっと試合に出て、いろいろな経験をしたい」と北海道移籍に前向きだった。折茂はそんな後輩に「北海道に行った方がいいよ。スタートで出られるんだから」と人ごとのようにアドバイスするのだった。

ところが桜井は周囲に相談するうち、次第にトーンダウン。「トヨタは現役の日本代表と元日本代表の選手ばかり。レベルの高いトヨタに残った方がうまくなれるのではないか」と言い始めた。いまや常勝軍団となった企業チームのトヨタ自動車と、選手がまだ揃ってもいないプロチームとでは、メンバー構成に大きな違いがあるのは明らかだった。

前季の２００５~２００６シーズン、スーパーリーグに新規参入したプロチームの福岡レッドファルコンズが、経営の失敗でわずか参戦２カ月でリーグから撤退。桜井はその出来事を覚えており、プロチームに行くことに不安を感じていた。「折茂さんと一緒なら…」と言いよどむ桜井に、折茂は言った。「じゃあ、俺と一緒に契約するか」

その一言が、バスケットボール界を揺るがした２人の移籍につながる。

折茂は講演会などで「俺が桜井を北海道に連れてきた」と話す。ところが、桜井の視点から見れば、別のストーリーが浮かび上がる。「実は――」と桜井は神妙な顔で切り出した。「東野さんが先に声を掛けたのは僕なんです」

桜井によると、東野は先に桜井に声を掛け、不安になった桜井が折茂を北海道に誘ったという。

戦略家の東野である。折茂とは付き合いもそれなりに長い。それだけに、先に桜井を誘って様子をうかがい、後から折茂に声を掛けていても不思議ではない。

２０２０年東京五輪に向け、日本バスケットボール協会で重要なポジションを担う東野に単刀直入に聞いた。

「僕が言えるのは、2人とも必要だったということ。一緒でなければ、2人ともトヨタに残っていた。互いに『俺が先だ』と言っていると思うが、僕はどっちの心に先に火を付けたら一緒に来てくれるか、ということだけ考えていた」。本当はどっちを先に誘ったのか。真相は謎のままだ。

さて、その東野。いまも「ミスターバスケットボール」とファンに語られる佐古賢一と、福井県の北陸高で同級生だった。早稲田大、アンフィニ東京と進み、社会人で3年間プレーした後に渡米。ルイスアンドクラーク大学でコーチングを学んだ。2001年から3年間、折茂がいるトヨタ自動車のアシスタントコーチ（AC）を務めた。その後の2年間は、ジェリコ・パブリセビッチHCが率いる日本代表でアシスタントコーチを担い、折茂と桜井を指導していた。

レラカムイ北海道の東野HC

東野にとって、レラカムイ北海道との出会いは青天の霹靂だった。

2006年8～9月に日本で初開催された世界選手権を終えると、日本代表ACも任期満了となった。11月に入籍。12月には将来のスター選手を見つけるべくインカレを視察していた。その時、後ろから声を掛けられた。

「東野さんですね。北海道にプロバスケットボールチームが新しくできます。そのヘッドコーチをお願いできますか」

そして、札幌にプロバスケットボールチームの運営会社を設立した女性社長と話した。女性社長は２００６年４月、「株式会社ファンタジア・エンタテインメント」を設立。7月には日本バスケットボール協会からトップリーグ新規参入を認められていた。チーム名は公募により「レラカムイ北海道」とした。アイヌ語でレラは「風」、カムイは「神」の意味。バスケットボール界に新風を吹き込む「風の神」を意味していた。

女性社長は東野にビジネスの観点から構想を話した。北海道はバスケットボール人口が全国有数の地域であり、バスケットボールのシーズンが本格化する冬は、プロ野球の日本ハムファイターズ（現北海道日本ハムファイターズ）とサッカーJリーグのコンサドーレ札幌（現北海道コンサドーレ札幌）がシーズンオフになる。「道内プロチームの空白期間」に、プロバスケットボールで道内を熱くしたいと語った。

今度は東野が話す番だ。米国の大学で何を学び、トヨタ自動車と日本代表で何をしてきたか。チームが地域に溶け込み、観客と一体となって会場を盛り上げることが大切であり、若手選手を中心に面白いチームをつくりたいと言った。

女性社長は振り返った。「私の話をどこかで聞いてたの？　というくらい、私たちの話がかみ合った」

3人の中心選手

東野が決断するまで時間はかからなかった。選手とスタッフの選考も任された。降ったばかりの純白の雪のようなキャンバスに、最初の筆を入れるところから経験できるヘッドコーチはそう多くはない。東野はその環境に興奮した。

選手人件費は比較的潤沢だった。東野は「3人の中心選手が必要だ」と思った。日本代表クラス2人と、米国の最高峰リーグNBAに手が届きそうな外国人選手1人。あとは脇を固めれば、大企業の資金力を背景とする企業チームに一泡吹かせられるかもしれない。

東野はすぐ米国へ飛んだ。狙いは、NBA下部のNBAデベロップメントリーグにいる田臥勇太だ。当時26歳。トヨタ自動車を1シーズンで退団した後、米国NBAに挑戦。2004年には日本人初のNBAプレーヤーになっていた。東野は「ダメもと」で交渉した。

田臥の返事は、東野の言葉を借りれば「二つ返事で断られた」。日本語としてはおかしいが、その言葉からけんもほろろだった様子がうかがえる。もちろん、東野にとってそれは想定内。再びＮＢＡ入りを目指す田臥が、チームの形すらできていないプロチームに来てくれるとは思えなかったからだ。

東野のチーム構想が本格的に始まった。

目指したのは「面白いチーム」。1季目から優勝争いに加わるのは難しいが、面白いバスケットボールは見せられる。まずは選手の名前で世間にインパクトを与えたい。その意味では、最初に田臥獲得を目指したのは間違っていなかった。

東野は「2人の日本人が鮮明に思い浮かんだ」。実力がありながらチームで重用されていない選手。それなら移籍の可能性があると考えた。折茂と桜井だった。

前年の世界選手権で日本代表ＡＣだった東野は、折茂の実力が「トップリーグでまだ十分に通用する」と見抜いていた。折茂と同じく日本代表にいた桜井はまだ荒削りだが、世界レベルの選手になる可能性を秘めていた。トヨタでスターターに定着していないのは、東野にとってまたとない好機だった。

日本代表に復帰

２００６年に日本で開催された世界選手権は、折茂にとって北海道移籍の布石となる大会だった。

その４年前の32歳の時、年齢を理由に日本代表を辞退していた。日本バスケットボール協会は国内開催の世界選手権に向けて後継者となる選手を育成してきたが、折茂のように高確率で得点できる選手は出ていなかった。

そこで日本代表ＨＣのジェリコ・パブリセビッチは折茂に「日本代表を助けてほしい」と熱烈なオファーを出した。ところが折茂はパブリセビッチの練習メニューの激しさを知っており、「36歳の僕がついていけるはずがない」と固辞した。

それでもパブリセビッチはあきらめない。「日本代表にはお前の得点力が必要だ。もちろん年齢を考慮して、お前だけの特別メニューを用意している。だから大丈夫だ。日本代表の若手をリードしてほしい」と食い下がった。

続いて、日本代表主将で同じトヨタ自動車所属の古田悟から毎日のように電話がかかってきた。「折茂さん、今日は来るんですか。ジェリコは来るって言ってますよ」。パブリセビッチは練習で円陣を組む度に「明日は折茂が来る」と言っているようだった。

折茂は「俺は行くなんて一度も言ってない」と反論したが、必要な選手と言われて悪い気はしなかった。

決め手は、当時7歳の長男だった。日本代表の練習を一緒に見に行った時、「パパはあのユニホームを着ないの?」と聞かれた。トヨタ自動車がリーグで初優勝した2002年の時、長男はまだ3歳。チームの中心で活躍した父親の姿は覚えていない。2005~06年シーズンにトヨタ自動車が2度目の優勝を果たした時は、折茂は主力ではなかった。

「あのユニホーム姿を息子に見せたい」

「俺がまたあのユニホームを着た時、どこまでできるのか」

2つの思いが折茂を動かした。

折茂、桜井を含む日本代表候補の16人は1カ月間の欧州遠征に出発した。世界選手権開幕まで2カ月半に迫った6月上旬だ。合宿の前半はパブリセビッチの母国、クロアチアと隣国スロベニアでの体力強化合宿だ。標高1500メートルの高地で野山を走る「クロスカントリー走」が待っていた。

2003年に日本代表HCに就任したパブリセビッチは毎年、母国クロアチアの首都ザグレブから車で3時間ほどの場所にあるスロベニアのスキーリゾート、ログラで体力強化合宿をしていた。スキー場のある合宿地は標高が高く、空気が薄い。夏は牛が放牧されているのどかな場所だが、そこが「地獄」となることを過去の参加者はみな知っていた。

この年のクロアチアは寒波が来ており、初夏にもかかわらず雪が舞っていた。気温が低すぎて屋外でのトレーニングを中止し、体育館での練習が主となっつった。

地獄の練習

ログラでの練習が始まって7日目。朝の気温が10度を超え、ついにその日が来た。選手たちが恐れる名物の「クロスカントリー走」だ。

朝食時、パブリセビッチが選手たちに告げた。「午前の練習は屋外だから、バスケットボールシューズは必要ない」。折茂も「ついに来た」と思った。

クロスカントリー走は、スキー場の初級者コースをぐるぐると30分間走り続けるものだ。走り始めこそ全力の半分程度の強度だったが、5分も過ぎれば全力疾走の指示が飛んだ。選手たちは体力の限界を超えて、さらに走り続けた。走り終えたメンバーは息も絶え絶えで、最年長の折茂も死にそうな顔をしていた。

翌日、朝の外気温は再び10度を超えた。体育館に集まった選手たちに、パブリセビッチは外に出るように言った。選手たちに緊張が走った。２日連続のクロスカントリー走は想定していなかったからだ。

パブリセビッチが向かったのは前日と違う方向だった。着いたのはリフト乗り場。パブリセビッチ自らが登って示したゴール地点は、直線距離にして２５０メートルほど離れたリフト降り場だった。しかもスキーの初心者なら滑るのに尻込みするほどの急斜面。選手たちは「まじかよ」と口々に言った。過去３回あったログラ合宿では、あまりのきつさにパブリセビッチが採用を見送ったメニューだ。

ところが、世界選手権という大舞台を前にしたパブリセビッチはひと味違った。ゴール地点で、ギラギラした目で選手たちを待ち構えている。選手たちは２人１組で次々とスタートし、急斜面を全速力で登った。しかも１本では終わらない。計４本のダッシュを終えた選手たちは、気持ちここにあらず。うつろな目をしてとぼとぼと宿舎に戻った。

パブリセビッチが折茂に約束した「特別メニュー」は最後までなかった。20代の若手と同じメニューをやりきった36歳の最年長選手にパブリセビッチは言った。「全部できてすごいな。あと2年間は何もしなくても現役を続けられるよ」

パブリセビッチは人をやる気にさせるのがうまかった。その一方で疲れて動かなくなった若手には「折茂は全部のメニューをこなしているぞ。折茂と君らはいくつ違うんだ。君たちにできないことはない」と叱咤するのだった。

世界選手権の折茂は、何かが吹っ切れたように鋭い切れ味を見せた。全試合に先発出場し、いずれも2桁得点と活躍した。ログラ合宿では体力に自信を深め、世界選手権では技術が衰えていないことを再確認したのだった。

2人同時に

札幌は桜が咲き終わり、春らしい、さわやかな風がビルの谷間を吹き抜けていった。2007年5月、札幌市の中央区役所近くにあるレラカムイ北海道の運営会社事務所に折茂と桜井はいた。路面電車が目の前を走るビルの一角だ。ガラスで仕切られた社長室の中で、2人は印鑑を手にしていた。

「折茂さん、ここで逃げないですよね」

「逃げるわけがないだろ」

契約の場としてはいささか軽妙なやりとりの後、折茂が言った。「じゃあ、同時にはんこを押そうぜ。それならどっちも逃げられないから」

2人の正面で、女性社長が笑っている。2人の斜め後ろで東野は「お前ら何してんねん」と笑いながら言った。

「いっせいの、せ」。それぞれの契約書に同時に判が押された。折茂と桜井が、北海道にできたばかりのプロチームに加わった瞬間だった。印が押された契約を見て笑い合う2人の姿に、東野は確信した。「これは絶対に面白いバスケができる」

年俸は2人ともトヨタ自動車時代を上回った。折茂は「金額面で最大限の評価をしてもらったのも移籍を後押しした」と話した。パブリセビッチの「あと2年はできる」の言葉を信じ、2年契約を結んだ。

契約の数日前、北海道内の新聞とテレビがにわかに沸いた。「日本代表　折茂、桜井がレラカムイに入団へ」。スポーツ紙を皮切りに、新聞とテレビが一斉に報道した。日本で最も名が知られたベテラン選手と将来性豊かな若手選手の日本代表2人が、北海道にできたばかりのプロチームに移籍する。プロリーグのBリーグがある今と違い、移籍がまだ珍しい時代。日本のバスケットボール界にこれほどの衝撃を与えた移籍は、過去にあまり例がない。東野のもくろみの第一段階は成功した。

レラカムイ北海道

折茂はその日を明確に覚えている。

折茂と桜井が、レラカムイ北海道のチームメイトに初めて会った日だ。チームはすでに全体練習を始めていた。古い体育館にずらりと並ぶ「仲間」を前にあいさつした。

「トヨタ自動車から来た折茂武彦です。よろしくお願いします」

丁寧な言葉と裏腹に、折茂は怒ったような表情をしていた。〈おまえら、誰だよ〉。心の中で思った。目の前にいる選手のうち、顔を知っているのは一人もいない。いや、ただ一人、トヨタ自動車で一緒にプレーしたことのあるフォワードの加藤吉宗（前日立）だけは知っていた。

選手たちは全員うつむいていた。折茂と目を合わせる選手は1人もいない。加藤吉も顔を上げなかった。道南の七飯町出身の野口大介は「この人があの折茂さんか、とチラチラと見ていました。でもやっぱり怖かったですよ。威圧するような感じで、僕たちのことをずっとにらんでいましたから」

折茂も選手たちの気持ちが少しは分かるという。

「たぶん僕に恐いイメージを持っていたのでしょうね。トヨタ時代の噂が、尾ひれをつけて出回っていただろうから」と笑う。

納得のいかない判定をした審判にボールをぶつけたこともある。優勝を決めるファイナルで敗れた後、首にかけられた準優勝のメダルを外し、体育館の床に投げ捨てた。新潟で行われた敵地でのリーグ戦で相手ファンのヤジにカッとなり、観客席に向けて中指を突き立てたこともある。翌日の試合、大勢の相手ファンが着ていたTシャツには中指を立てた折茂の写真がプリントされていた。オールスターでMVPを6度獲得し、その賞金である数十万円は六本木に後輩を呼んで一晩で使い切った。「ドンペリ」風呂に入り、夢見心地の時間も過ごした。

すべて事実だ。そんな尖った選手の噂に尾ひれがついた場合、いったいどんな選手として見られていたのだろうか。

レラカムイ北海道で先に練習していたメンバーは加藤吉のほかは、ガードは菅原洋介

（前米独立リーグ・サンノゼ・スカイロケッツ）、御手洗貴暁、熊谷渡（ともに前大塚商会）、伊藤将伸（前鹿屋体育大）。ガード・フォワードは加藤真（前日立電線）。フォワードは野口大介、佐藤濯（ともに前大塚商会）、大西裕之（前bjリーグ仙台）だった。

折茂が知らないのも無理はない。みんなトヨタ自動車が所属するスーパーリーグの経験がなかったからだ。大塚商会と日立電線はスーパーリーグの下部リーグに所属。菅原は米国での武者修行から帰ってきたばかりで、伊藤は大卒ルーキー。大西がいたbjリーグは折茂たちが所属したリーグとは別のリーグだ。

折茂は選手を見ただけで「これは難しいかもしれない」と直感した。まだ弱かった時代のトヨタ自動車に入った経験があるだけに、それと似た雰囲気を感じ取っていた。

折茂によると、強いチームにするにはいい選手をそろえるのが最も大事で、続いて意識改革の順だ。トヨタ自動車が初優勝するまで折茂の入団から9年かかったのは、「強い選手をそろえても、意識改革がなかなか進まなかったから」と分析する。

「トヨタ自動車という大企業の部活動だったから、アウェーで負けても、帰りの新幹線内はほぼ居酒屋状態だった」。入団当初は上下関係も厳しく、負けず嫌いの折茂であっても先輩に強くは言えなかった。

そこで先輩が引退するのを待った。一人、また一人と先輩がチームから離れる度に、母校の日大などから有望選手を入れた。外国人コーチも入れた。「意識の高い人間を集めても、勝つ意識を伝え続けないとすぐ元に戻ってしまう」。だから折茂は言い続けた。トヨタ自動車のように潤沢な活動資金があっても、優勝まで時間がかかった。「レラカムイでは何年かかるだろうか」と思った。

札幌へ

8月中旬、2人は札幌に拠点を移した。折茂は家族を千葉に残し、空路で津軽海峡を飛び越えた。

2人は札幌の中心部から車で30分ほど離れた新札幌駅近くで、別々のマンションに住んだ。レラカムイ北海道の関係者から、マンションのある札幌市厚別区内に練習拠点を置くと聞いていたからだ。

桜井は「部屋にはまだカーテンがなく、暑くて室内が38度くらいあった。ずっと裸で過ごしていた」と懐かしむ。ところが練習場は厚別区内にはなく、札幌市内の公設体育館や学校体育館などを日替わりで使った。桜井が先に車を買い、折茂は桜井の運転で練習場に通った。

慣れない街だけに、桜井はよく道に迷った。カーナビは付いていたが、なぜかあてにならなかった。道に迷うと、助手席の折茂がイライラするのが手にとるように分かった。「どっちに走っているんだよ」と言われると、桜井もまたイライラするのだった。迷子になり、練習に遅刻したこともあった。それでも2人は練習後に一緒に車に乗り込み、外食をしてからそれぞれのマンションに仲良く帰るのだった。

折茂が「あれは衝撃だった」と話すのは、廃校となった札幌市内の高校体育館。折茂と桜井が練習に合流してから最初の2週間ほど、毎日使っていた場所だ。

その高校は、その年の5月に札幌市内の別の場所に移転していた。校舎の取り壊しが始まる9月までの数カ月間を、2人に先行してチーム練習を始めていたレラカムイ北海道が使っていた。

トヨタ自動車の快適な専用練習場に慣れていた折茂と桜井。覚悟して来てはみたものの、廃校体育館にはさすがに驚いた。電気が通っていないため、頼れるのは外の明るさのみ。屋外が暗くなると練習が強制終了した。曇りや雨の日は暗いのを我慢するほかなかった。水道も止められていたため、スタッフは近くのスーパーやコンビニで飲み水を確保するのが1日の最初の仕事だった。ロッカールームは床に荷物を置くのがためらわれるほど汚れていた。折茂は天国から地獄に落ちたような感覚にとらわれた。

桜井も最初こそ環境の落差についていくのがやっとだったが「トヨタでは恵まれすぎていた。この状況を楽しもう」と気持ちを切り替えた。そして「タイソン」と呼ばれたプロレスラーのような体格のトレーナーが組むメニューを必死にこなした。暑くて暗い体育館でフリースローの練習をしたことは、今でも忘れらないという。

試合の終盤、桜井のフリースローが勝敗の分岐点となるような試合がいまでもある。その時、桜井は廃校の体育館で行ったフリースロー練習を思い出す。「あの時に比べれば、どんなに厳しく、緊張するような場面でもなんてことないと素直に思える」。桜井が試合後にそう話したのは一度や二度ではない。

選手揃う

8月下旬、待望の外国人選手がやってきた。身長204センチのフォワード、ジェワッド・ウィリアムズ、208のセンチのセンター、タイラー・ニュートンだ。

2人とも米国籍。24歳のウィリアムズはマイケル・ジョーダンの母校でもあるノースカロライナ大で主将を務め、チームを全米大学王者に導いたエリートだ。前のシーズンはNBA下部にあたるNBAデベロップメントリーグのアナハイム・アーセナルでプレーしており、NBAにもう少しで手が届くバリバリの若手選手だ。

25歳のニュートンは米国パシフィック大では控えのシックスマンだったものの、大学を卒業した後は豪州、オーストリア、フランスと各国で腕を磨いてきた。得点にリバウンド、アシストと万能型の選手だ。

東野HCは4回渡米し、自らの目でこれは、という外国人選手に声を掛けて2人を獲得してきた。これでチームの軸となる「日本代表クラス2人、NBAクラスの外国人選手1人」が揃った。

その後の話になるが、ウィリアムズはレラカムイ北海道で1季プレーした後、NBAの名門キャバリアーズに入って3季プレーした。日本でプレーした後にNBAチームに「初めて」入団するのは、ウィリアムズがおそらく初めてだ。東野の目の確かさが伺える。

ワッカナイ合宿

8月末に廃校の体育館での最後の練習を終え、9月5日、日本最北のマチ、稚内市での

東野ＨＣの言う「ＢＩＧ４」。左からウィリアムズ、桜井、折茂、ニュートン
（2007年10月27日、札幌月寒アルファコートドーム）

合宿に向かった。

ワッカナイ？　折茂にとって初めて聞くマチの名前だった。札幌からバスに乗ること6、7時間。北海道の地理感覚がない折茂は、バスの中でイライラし通しだった。「いつ着くんだよ。こんなに長い時間バスに乗るの、ありえないし」。東京から高速道路を使って7時間も乗れば大阪に着いてしまう。トヨタ自動車では米国ロサンゼルスやオーストラリアで合宿し、移動は快適な空路だった。

東野は日本代表が世界と対等に戦える日を目指し、レバンガ北海道で過去に例のない挑戦をしようとしていた。

それは、桜井のポイントガード（ＰＧ）転身だ。桜井は194センチのスモールフォワード（ＳＦ）。世界では身長190センチ台のＰＧが当たり前になりつつあった。東野は「もし桜井がポイントガードをできるようになれば、日本は次の段階に進める。日本のバスケットボールの固定概念を崩したい」と意気込んだ。

ＰＧは桜井、シューティングガード（ＳＧ）は折茂、パワーフォワード（ＰＦ）はウィリアムズ。センター（Ｃ）はニュートン。ここまでは企業チームに見劣りしない。マスコミへのアピールがうまい東野はこの4人を「ＢＩＧ4」と呼んだ。

ところがこの４人と対等にプレーできる５人目の選手がいなかった。トヨタ自動車でもプレーし、スーパーリーグの日立から移籍した加藤吉は持病の腰痛が治りきらず、練習も別メニューだった。東野は残るメンバーの潜在能力に期待したが、10月中旬の開幕戦まで時間がなかった。

レラカムイの選手13人の平均身長は１９３・８センチで、リーグの８チームで最も高い。平均年齢も25・８歳。開幕戦を37歳で迎える折茂がいるにも関わらず、オーエスジーフェニックス東三河に次いで２番目の若さだった。高さと若さで国内最高のリーグに乗り込んだ。

ＪＢＬ開幕

前季までのスーパーリーグから名前を変えた「日本バスケットボールリーグ（ＪＢＬ）」が開幕した。

レラカムイ北海道が歴史的な一歩を踏み出したのは、アウエーの名古屋。相手は三菱電機ダイヤモンドドルフィンズだ。前季のレギュラーシーズンを１位で通過し、プレーオフ決勝で折茂、桜井らがいるトヨタ自動車に敗れ、準優勝している。

10月13日のレラカムイ開幕戦。先発メンバーが発表された。ＰＧ桜井、ＳＧ折茂、ＳＦウィリアムズ、ＰＦ加藤吉、Ｃニュートン。課題の5人目にはスーパーリーグの経験がある加藤吉を起用。ボールの回りを良くするため、器用なウィリアムズのポジションをＰＦからＳＦに替えて臨んだ。

第4クオーター（Ｑ）に一時は5点をリードしながら、ウィリアムズが左ふくらはぎをつって一時退場。その間にチームが逆転負けした。折茂は12得点と伸び悩み、先発した5人のうち加藤吉を除く「ＢＩＧ４」は35分以上も出場した。ベンチスタートの6人全員が無得点だった。

折茂は「力がない。昔のトヨタみたい」と自虐的に話し、まだ弱かった頃のトヨタ自動車とレラカムイ北海道のイメージを重ねた。初勝利までどれくらいかかるのか。チームの全員が不安に感じていた。

翌日の三菱電機との第2戦。前日と違い、重圧が取れたのか選手の動きが見違えた。殊勲者となったのはウィリアムズだ。

折茂の先制シュートで始まったこの試合。真面目なウィリアムズは前日の敗戦の責任を背負い込み、40分間コートに立ち続けた。両チームトップの34得点を挙げ、ダンクシュートを5本決めた。

折茂はニュートンとともにチーム2番目となる22得点。シュート体勢に入ってからファウルをもらうなど、折茂らしさを随所に見せた。この2人は約39分間の出場。層の薄さは、先発メンバーが長くコートに立つことで層の薄さを乗り越え、うれしいチーム初勝利をもたらした。

超満員

開幕3戦目となった10月20日のホーム開幕戦の日立サンロッカーズ戦は、折茂にとって生涯忘れられない試合となった。

本拠地となった札幌市の月寒アルファコートドームは、ホーム開幕戦を見ようと試合前から長蛇の列ができた。入口のゲートが開くと観客は走って席に向かい、奪い合うように座った。超満員で膨れあがった観客席を見た折茂は「いったい何が起きているのか」と目を丸くした。

会場はバスケットボール専用会場でもなければ、体育館でもない。牛の品評会を開く北海道立の産業共進会場として、北海道が35年前の1972年に完成させた建物だ。普段は

レラカムイ北海道の本拠地、札幌月寒アルファコートドーム

サーカスやモーターショーなど各種イベントに使われている。ドームの名の通り、外から見ると屋根は円形。鉄骨の骨組みの上に鋼板をかぶせただけのシンプルな構造だ。

内部から天井を見上げると、開いた雨傘を下から見上げたような骨組みが見える。折茂は「観客席がコートからすり鉢状にせり上がっており、ファンと一体になれる雰囲気があった。バスケットボールの聖地と呼ばれる代々木体育館にどこか似ていた」と振り返る。

会場の雰囲気と演出は、他チームの本拠地に比べると「異質」だった。

日本では珍しい4面ビジョンが天井からつり下げられ、NBAのような雰囲気を醸し出した。照明が落とされ、スポットライトが回る中、にぎやかな音楽とともにレラカムイのチアダンスチーム「ファンタマジック」とキッズダンサーがコート内を華やかに彩った。

いよいよ選手入場。会場MCに合わせて選手が一人ずつ姿を現すと、その足元からジェットスモークが勢いよく噴き出した。ファンタマジックが両脇を固める花道の真ん中を、レラカムイの選手が一人ずつコートに向かって走り出した。

最後に登場したのはやはり折茂。「誰がなんと言っても日本人のシューター、オリモ・タケヒコ!!」。ややベタな紹介だったが、観客から「うぉー」とひときわ大きな歓声が上がった。折茂はスポットライトを浴びながらゆっくりと駆け出した。試合前から雰囲気は最高潮に達した。

Bリーグが始まった今となっては当たり前だが、当時は斬新な演出だった。トップリーグとはいえ、実際は大企業のバスケットボール部同士による対抗戦で、他チームの演出は地味だった。そこにレラカムイ北海道が新風を吹き込んだのだった。

大声援を力に

スターターは前週の三菱電機戦と同じだ。

詰め掛けた観客は4325人。平均入場者数が千人余りだった日本バスケットボール界にとって「事件」だった。観客席は試合前に満員御礼となり、桜井も「これだけの人の前でプレーできるのは、トヨタ時代と全く違う」と興奮した。

午後4時ティップオフ。ジャンプボールの末にPG桜井にボールが渡り、試合の幕が切って落とされた。

対する日立には高速ドリブルを得意とする日本代表PG五十嵐圭がいる。代名詞の「スピードスター」の通り、速さにうまさも兼ね備えている。シャープなルックスで女性から絶大な人気を誇っていた。ルーキーで日本代表の竹内譲次は大学時代から日本代表入り。

二卵性双生児の兄公輔とともに、身長2メートル越えの「竹内ツインズ」として、バスケットボール界で知らないものはいなかった。

新規参入チームがホーム開幕戦で対戦するには、これ以上ない注目カードだ。

試合は一進一退。五十嵐がキレのある動きでレラカムイを翻弄し、対する桜井は猪突猛進型のプレースタイルでチームに勢いをもたらした。

レラカムイは第1Qで1点リード。第2Qからは五十嵐に試合の主導権を奪われたが、その後になんとか食らいつき、1点ビハインドで迎えた第4Q。そこでの展開に観客は釘付けになった。

勝負どころを逃さないのは、やはり折茂だった。残り3分30秒。フリーになった一瞬の隙を突いて鮮やかに3点シュートを沈める。これで76－74と逆転。その1分後、今度は折茂からパスをもらった加藤真がジャンプシュート。これで4点差となった。

リードを保ったまま、最後はウィリアムズが観客の声援に背に3点シュートを立て続けに決めた。84－79。観客は総立ちになり、ホーム開幕戦を制した選手たちをたたえた。手を上げて答える折茂と選手、そして東野HC。チームと観客が一体となり、会場が歓喜と興奮に包まれた。

折茂は会場の異様な盛り上がりに驚くばかりだった。「長い間バスケットをやってきて、会場全てが味方だったのは初めて」と満員の観客に感謝した。

トヨタ自動車時代は、リーグ戦を戦っても観客の多くが両チームの社員や選手の家族などの関係者だった。「どっちがホームで、どっちがアウェーか全く分からないような中で試合をしてきた」と振り返る。

プロ野球やJリーグでは当たり前のようにあるホームとアウェーの違いは、当時のバスケットボール界ではほぼ無縁。折茂は北海道のプロチームに来て、初めて「ホーム」を体験した。大歓声が選手に力を与え、選手はファンのために持っている力を出し尽くせることを知った。プロ選手としての「原点」となった1日を深く胸に刻み込んだ。

観客の声援で

「本拠地の魔法」は翌日も続いた。

試合終了まで残り5秒9。日立の五十嵐は3点シュートを放つ際に桜井からファウルをもらい、3投のフリースローの機会を得た。得点は79－78でレラカムイが1点リードしていた。

前日に続き４千人を超える４０３７人の観客が五十嵐にすさまじいブーイングを浴びせた。

それに動揺したのか、五十嵐は1投目を外した。２投目は難なく決め、これで同点。ブーイングの嵐に圧倒された五十嵐は３投目を外した。

リバウンドを奪ったのは、ベンチスタートだった菅原だ。速攻で自ら相手陣内にボールを持ち込むと、目の前に五十嵐が立ちはだかった。２人は衝突し、五十嵐が後ろに倒れ込んだ。そこに審判の笛――。

どっちのファウルだ？　観客が固唾を飲んで見守る中、審判は五十嵐のファウルを宣告した。菅原の進行を体で邪魔するブロッキングだった。残りは１・９秒。

菅原は前日にリーグ初得点を挙げたばかりの24歳だ。フリースローの１投目を成功させて勝ち越し、２投目も落ち着いて決めた。レラカムイ北海道はリーグ３連勝を決めた。

続くアイシンシーホース、東芝ブレイブサンダースとの2連戦をいずれも1勝1敗で乗り越え、通算5勝３敗。他のチームを警戒させるのに十分な好スタートを切った。「何も言うことはない。これをシーズン通してできれば、台風の目になる」。ヘッドコーチの東野は満足そうに選手たちを見つめた。

同じ日本代表の網野友雄（アイシン）を相手にドライブする
（2007年10月28日、東京・代々木第二体育館）

黒星街道

好調の中に不振の芽は潜むものだ。桜井を含めた「ＢＩＧ４」の出場時間は、いずれの試合も30分以上だった。控え選手の経験不足と層の薄さはそう簡単に解決できる問題ではない。チームがつまずくのは時間の問題だった。

それは、意外と早くやってきた。開幕９戦目の11月10日、トヨタ自動車戦を１０８失点で大敗すると、チームは黒星街道に足を踏み入れた。

４連敗して白星をひとつ挟むと、今度は出口の見えないトンネルに入り込んだ。レラカムイ北海道は相手チームによる研究が進むと、もろさが露呈した。得点源の折茂とウィリアムズを２人がかり、３人がかりで抑え込めば、あとはレラカムイが自らリズムを乱すのだった。

本来はそこからが本当の勝負。長いリーグ戦を戦うには、相手のスカウティングを上回る策を繰り出さないといけない。ところが選手が揃って2カ月足らずで開幕戦を迎えた新興チームに、その余力はなかった。東野ＨＣもそれが分かっており、「メッキがはがれた状態」と自虐的に話した。

トンネルの出口は見えなかった。連敗を止めようと、ウィリアムズが熱くなって１人でリングにアタックしたが、それで白星を手にできるはずがない。

２００８年１月20日、旭川市総合体育館でオーエスジーに２連敗し、ついに連敗が２桁に達した。全35試合のリーグ戦で、10連敗はあまりに痛い。新聞には「痛恨」「悪夢」の文字が躍った。

相手に全く及ばないわけではない。リードしても、勝負どころでパスミスなどをして相手に流れを渡してしまう。最後に追い上げるものの、どうしても追いつけなかった。若い選手が多く、経験の少なさが問題だった。

１月27日、三菱電機に勝って連敗は11で止まった。前年11月23日以来、実に65日ぶりの白星だ。連敗のトンネルを抜けたからといって、企業チームを相手に白星が続くような甘い世界ではない。そこからの10試合は１勝９敗と、さんざんな成績だった。

８勝27敗。８チーム中の最下位だった。そのうちの５勝は、開幕からの８試合で挙げたものだ。スタートダッシュに成功した後は、急速に勢いがしぼんだのだった。

37歳の折茂は１試合平均16・４得点。トヨタ自動車の最終シーズンに記録した９・７得点から大幅に増えた。チームトップはウィリアムズの24・７点で、リーグ全体でも２位の数字を残した。チーム２位は18・２点のニュートン。折茂はチーム３位だった。

東野がチーム構想を描き、その中で折茂が奮闘したレラカムイ北海道の1季目が終わった。折茂は「移籍した後悔は全くない」と言い切った。最下位に沈んだチームについて「俺と桜井がいて、外国人選手が2人ともいい選手だった。やはり、そんなに簡単ではなかった」と新規参入チームの厳しさを実感していた。

敗因

勝てなかった原因は折茂ら「ＢＩＧ４」の負担増や選手層の薄さ、若手の経験不足など挙げればきりがない。

桜井が不慣れなＰＧに初挑戦したのも要因の一つだ。ＰＧは味方と相手の状況を把握しながら、試合の流れを読んでプレーを選択する難しいポジションだ。試合展開によってゲームプランを使い分け、何より「勝ち方」を知らないといけない。バスケットボールに5つあるポジションのうち、最も高い専門性が要求される。

「ＰＧは他のポジションを兼ねられるが、他のポジションの選手がＰＧを兼ねるのは難しい」と言われるのはそのためだ。

他の4人は司令塔であるＰＧの動きを見るが、ＰＧはリングを向いてプレーする。「野球でいえば、1人だけ反対方向を向く捕手のようなポジション」と桜井は説明する。「最初は勢いでなんとかできたけど、PGをやればやるほど、頭を使えば使うほどうまくいかなくなった。こんなにも他のポジションと違うのかと思った」と振り返る。

桜井を見守ってきた折茂も「我慢する部分もあると思ってシーズンに入った。そうは言っても、俺がノーマークになっても桜井からボールが来なくて、ストレスがたまったこともあった」と打ち明ける。

レラカムイ北海道の攻撃のファーストオプションは折茂だった。得点源として安定し、ファンを最も喜ばせる選手だったからだ。桜井も「ほとんどのセットオフェンスが最後に折茂さんに打たせるためのものだった。折茂さんはタフショットも決められたし、まだこんなにできるのだと改めて思った」と、シーズンを戦い抜いた37歳に尊敬のまなざしを向けた。

ＪＢＬの試合数は、前季のスーパーリーグ最終シーズンから11試合増の35試合。折茂は胃腸炎で休んだ1試合を除く全試合に先発出場し、平均プレータイムは36分半だった。トヨタ自動車最終シーズンの平均21分半から大幅に増やしており、年齢を考えると驚異的な数字を残した。

契約更改を終え、笑顔で抱負を話す
（2008年 4 月24日、札幌・球団事務所）

大減俸

レラカムイ2季目に向けた選手補強が始まった。

女性社長が東野HCに要求したのは、発足から3年でリーグのトップチームに引き上げることだ。「1年目は5位。2年目にプレーオフ進出、3年目に優勝争いに絡むチームをつくってほしい」。東野もそのつもりで3年契約を結んでいた。最初のシーズンで最下位に沈み、期待に応えられなかった東野は「強いチームづくりは、いい選手を揃えることから」の定石通り、選手補強に着手した。

最優先したのは日本人ビッグマンの獲得だ。

外国籍選手が常時2人コートに立てる「オンザコート2」から、レラカムイ参入2季目は常時1人の「オンザコート1」にルールが変わった。これにより日本人ビッグマンの重要性が増したのだ。

パワーフォワードとセンターを２人の外国人選手に頼ってきたレラカムイにとって、この変更は大きかった。開幕時にスターターだった身長２０２センチの加藤吉はシーズン中に持病の腰痛が悪化し、退団していた。

一本釣りしたのは日本代表の２００センチ、山田大治だ。折茂よりも11歳年下の27歳。折茂と同じ日大出身で、卒業後に入ったトヨタ自動車で３季、パナソニックトライアンズで1季プレーしていた。ゴール下だけでなく、柔らかいシュートタッチでミドルレンジのシュートも得意だ。２００６年世界選手権では折茂や桜井と一緒にプレーしている。

トヨタ自動車時代の山田は、折茂や桜井と同じように外国人ＨＣと相性があまり良くなかった。２００７年のオフシーズン、山田がパナソニック移籍を決めた後、折茂と桜井がレラカムイ移籍を発表した。それを聞いた山田は関西弁で「えー、そりゃないっすわ。どうして僕を誘ってくれないのですか」と残念がった。それくらい折茂を慕っていた。

折茂がトヨタ自動車時代、食事に連れ出していた若手の１人でもある。山田は「トヨタの時はどこに行くにも折茂さんに付いていった。折茂さんは一晩でいくら使ったんだというくらい、でたらめなお金の使い方をしていた」と豪快エピソードを明かす。

その折茂にレラカムイ入りの話を持ちかけられた。断る理由がなかった。「レラカムイに決めた一番の理由ですか。折茂さんですよ。折茂さんは口がうまいので、まんまと乗せられました」と関西人らしく、冗談か本音かよく分からない言葉で移籍の理由を話した。

山田はコート内の実力に加え、最大の魅力はその人柄にあった。常に笑顔で、話してみると見た目以上に柔らかい印象を与える。ぐいぐいと引っ張るリーダータイプではないが、どのチームでもすんなり溶け込めた。折茂が求める「チームの和を乱さない選手」にも合致していた。レラカムイ北海道での入団会見の言葉に、山田の男気とユーモアが表れた。

「僕が胴上げしてから折茂さんに引退してもらいたい」

折茂が交渉

チームが積極補強したのは山田だけではない。移籍選手リストに載っている有力選手に次々とオファーを出した。目を付けたのはオーエスジーの選手だ。オーエスジーはいっこうにプロリーグ化しないＪＢＬを見限り、このシーズンを最後にプロリーグのｂｊリーグにチームごと転籍するのだった。そのためチーム内の全選手がいったんはＪＢＬの移籍リストに載っていた。

勝利を喜び合う（左から）折茂、朝山、山田、加藤真
（2008年12月６日、札幌・きたえーる）

レラカムイはオーエスジー選手のうち、次代のエース川村卓也、日本代表候補の朝山正悟、身長１９６センチ、体重１０５キロと体格で勝負できるセンター勝又穣次に声を掛けた。そして東芝の元日本代表センター、身長２０４センチの伊藤俊亮とも交渉した。

朝山との交渉にも折茂が乗り出した。「僕が自費で東京に行き、説得するのに１カ月かかった」。六本木や西麻布で「誰にも発見されないようなお店」に連れ出し、一緒にご飯を食べながら「お前がチームに必要なんだ」と熱意を込めた。

その思いが通じ、朝山が入団した。卓越したシュート能力に加え、激しい守備と熱いハートでチームをけん引できる選手だ。そして勝又の獲得にも成功した。

大東文化大を卒業したルーキー、ＰＧ阿部友和も入団した。４年次のインカレでは大学を３位に導き、得点王、３ポイント王、優秀選手賞、最も印象に残った選手に贈られるＭＩＰ賞に輝き、大学ナンバーワンＰＧと呼ばれていた。

一方、チーム最多得点のウィリアムズがＮＢＡ挑戦のため退団。代わりに２０８センチでコートジボワール国籍を持つモハメッド・ウオーニーが入団した。

シーズン中の退団を含めチームを離れたのは加藤吉、ウィリアムズ、御手洗貴暁、大西裕之、熊谷渡、道産子選手の菅原洋介の６人。初期メンバー13人のうち、ほぼ半数を入れ替える大手術となった。

残留組は折茂武彦、桜井良太、野口大介、佐藤濯、伊藤将伸、加藤真、ニュートンの７人。山田らの入団により、企業チームと互角に戦えるメンバーがそろった。

互角の選手層

ＪＢＬは、ｂｊリーグに移ったオーエスジーに代わり、プロチームのリンク栃木ブレックスが加入した。これで８チーム中、プロが２チーム。他の６チームはいずれもアマチュアの企業チームで、アイシンシーホース、トヨタ自動車アルバルク、三菱電機ダイヤモンドドルフィンズ、パナソニックトライアンズ、日立サンロッカーズ、東芝ブレイブサンダース。

レラカムイ北海道は積極強化が実り、選手層がぐんと厚みを増した。折茂、桜井、山田の日本代表3人に、日本代表候補の朝山、大学ナンバーワンPGの大卒ルーキーもいる。運営会社は上位4チームが戦うプレーオフへの進出を見越し、プレーオフ準決勝の札幌開催を誘致した。

ところが、いい選手を揃えただけでは勝てないことをレラカムイは証明してしまう。参戦2季目は開幕してすぐにつまずいた。

開幕カードはパナソニックを相手に2連敗を喫した。

続くカードは新規参入のリンク栃木との1戦。相手には活動の場を日本に移した田臥勇太がいたものの、JBLの先輩として意地を見せて今季初白星を挙げた。続くアイシンには1勝1敗。5戦して2勝3敗となったところで、チームは早くも戦力のテコ入れをした。新加入のウォーニーを契約解除したのだ。30歳のビッグマンはひざの古傷を抱え、ゴール下で競り負ける姿が目立ったからだ。

代わりに入団したのは米国人のジャイ・ルイス。昨季限りで退団したウィリアムズの紹介だった。同じ1983年生まれののウィリアムズと親交があり、これまでイスラエルやフランスでプレーしてきた。201センチ、139キロの巨漢で、ポジションはセンターとフォワード。学生時代からバスケットボールとアメリカンフットボールの「二刀流」をこなし、卒業後はアメリカンフットボールの最高峰NFLのニューヨークジャイアンツに在籍したことがある。体の強さが魅力だった。

即戦力の新外国人選手の勢いを借り、一気に挽回するはずだったが、このシーズンも黒星のトンネルが口を開けて待っていた。

メンバーの顔ぶれには問題がない。スターターは1季目から様変わりし、PG桜井、SG折茂、SF朝山、PF山田、Cニュートン。ベンチにもルーキーながら攻撃的なプレーが光る阿部、体格のある勝又、突進力なら天下一品のルイスがいた。

それでも連敗が連敗を呼ぶ悪循環に陥った。最大の問題は、負ける原因が分からないことだった。選手は実力と経験があり、チームの雰囲気も悪くない。なのに勝てない。折茂も「何をやればいいのか分からない」と頭を抱えた。

元トヨタ勢が活躍

3勝13敗と大きく負け越し、「今シーズンもダメか」とファンがさじを投げかけた時、やっと連敗が止まった。相手は前季に5戦全敗したトヨタ自動車だ。

12月6日に札幌市のきたえーるで対戦。一進一退の息詰まる攻防は、試合終了まで残り12秒。桜井のレイアップシュートで逆転し、79―78で競り勝った。

奮闘したのは「元トヨタ」の3人だった。折茂15得点、山田14得点、桜井10得点。チーム最多こそニュートンの23得点だが、元トヨタの3人でチーム得点のほぼ半分を占めた。

古巣相手に移籍2季目で初白星を挙げた折茂は「ようやく勝てた」と表情を緩ませた。進退問題も浮上した「元トヨタ自動車アシスタントコーチ」の東野HCはスタンドに向けてマイクを握りしめ、「みなさんと一つになって勝てました!」。その声は震えていた。

戦力が充実したチームにようやくエンジンがかかったが、すでにシーズンの半分近くを消化していた。このシーズンは14勝21敗で8チーム中の7位。前季の最下位から脱出したものの、プレーオフ進出の目標は果たせなかった。

記者の質問にこたえる
(2008年 1 月14日、札幌・産業振興センター)

大減俸

積極補強は好成績に結びつかなかった一方で、クラブの財政状況を大きく圧迫した。特にチームトップの年棒だった折茂は契約でその影響をもろに受けた。レラカムイ2季目を戦った折茂の数字は申し分がなかった。

全35試合に先発し、1試合平均のプレータイムは34分。朝山の35分余りに続くチーム2番目だ。平均得点は13・7点で、ニュートンの14・8点に続くチーム2位を誇った。折茂は入団時に結んだ2年契約が終わり、新たに契約を結ぶ段階で、運営会社から大幅な減俸を提示された。

運営会社の交渉役は横田陽《あきら》。入社3年目、32歳の中堅社員だ。

最初は折茂の代理人と交渉していた横田だったが話がまとまらず、結局、折茂から自宅に呼び出された。仕事を終えた横田が札幌市のほぼ中心部にある折茂のマンションに着いた時には夜になっていた。

「聞いたよ。どういうこと?」

折茂の口調には怒気があった。

横田は返す言葉がなかった。なぜなら折茂に年俸を減額される理由がなかったからだ。

折茂はこの時を振り返り「横田をさんざん罵倒した」と話す。

横田は、折茂と同じくらいの数字を残した他チームの選手の年俸と、比較する資料を持参していた。もちろん、その選手の年俸は折茂に比べるとかなり低い。だが、その資料をカバンから出すことはなかった。

「折茂さんが悪いとか、プレーでどうこうというのはありません」

横田は小細工を捨て、クラブの経営状況を正直に話すことにした。

「クラブの経営が厳しく、そもそも払えるお金がありません。シーズンの途中で給料を払えなくなる方が、折茂さんに迷惑をかけてしまいます」

横田は時間をかけて、実情を話した。折茂は黙って聞き、そして答えた。

「分かった。サインはする」

目を見開く横田に、折茂は条件を付けた。

「まだ全員と契約を結んでいないだろう。ここで俺が大幅減の契約をしてしまったら、他の選手も大幅減の年俸でサインせざるを得なくなる。先に全選手の契約を済ませてくれ。俺は最後にサインする」

チーム内で最高年俸なのは、自分が一番分かっている。バスケットボール選手として破格な額なのも知っている。自分よりも若い選手の生活を優先させた、折茂らしい判断だった。

折茂はチームに残った全選手が契約するのを待ち、一番最後に約4割減の契約書にサインした。推定年俸は4千万円から2500万円ほどに急落した。

JBL参入3季目となる2009〜10シーズン。メンバーは、2季目からの残留組が野口大介、伊藤拓郎（前季に途中加入）、勝又穣次、佐藤濯、阿部友和、山田大治、折茂武彦、伊藤将伸、桜井良太。そして新加入は松井啓十郎、井上聡人、クリスチャン・マラカー、サイラス・テイト。選手層はなんとか前季並みを保ったものの12勝30敗で、2季目に続いて8チーム中の7位だった。レラカムイ北海道を3季指揮した東野はこのシーズンを最後にチームを離れた。

第2Q 選手兼社長

崩壊

異変は選手の給料に表れた。

参戦4季目を迎えたレラカムイ北海道の選手に、給料が振り込まれなくなった。練習前は「給料入った?」が選手同士の合言葉になった。

折茂の給料もぱたりと止まった。「2010年の9月か10月ごろから給料の未払いが続いた。大丈夫かな、と思った」

他の選手も同様だ。未払いや遅配、減額があったようで、山田は当時の厳しい状況を振り返る。「給料がほぼ入らなかった。3、4カ月分くらいもらっていなかったんじゃないかな。年配の僕が若手にご飯を食べさせたりしてなんとかやりくりしていた。本当にきつかった」

27歳の道産子選手、野口も苦しんだ。貴重な左利きの196センチのフォワード。高い運動能力を持ち、このシーズンにスタメンに定着したばかりで年俸はまだ安く、蓄えも少なかった。

「本当に厳しかったですよ。それで生活費を親に借りました。給料がちゃんと出たら必ず返すと言って」

桜井は当時のチーム内の雰囲気の悪さを説明する。「いくらバスケットボールに集中しようと言い合っていても、練習場に着いたらまず給料の話から会話が始まってしまう。生活がかかっているから、仕方ないといえば仕方なかった」。練習の後、選手みんなで弁護士事務所に行って相談したこともあった。

折茂はこの時40歳。若手の中には「給料がちゃんと出るまで試合をボイコットしよう」と提案する選手もいたが、折茂は「俺たちはプロ選手。応援してくれるファンのためにもボイコットはできない」となだめた。

レラカムイはゼロからスタートしたプロチームだ。大企業が運営しているわけでも、基盤となる前身のチームがあったわけでもない。女性社長が設立した株式会社がチームを運営し、選手も全くのゼロから集めた。練習場所は4季目になっても公共施設や学校体育館を毎日転々としていた。

経営状況の悪化は、給料以外の部分にも表れていた。アウェーで試合をする時、飛行機での移動が試合前日から試合当日に変わったこともあった。遠征時の夕食は、選手１人につき５００円玉をポンと渡された。

選手から不満も出たが、その不満を一身に受け止めたのが折茂だった。選手の中でただ一人、女性社長と一対一で話ができたからだ。

選手それぞれが会社に直接不満をぶつけると、チームが内部から崩壊する危険がある。そこで折茂が選手の不満を受け止め、選手を代表して社長と交渉したのだった。野口は「本当に折茂さんだけが頼りでした」と明かす。

寒くなったのは選手の懐だけではない。12月中旬、朝の最低気温が氷点下8度まで冷え込んだ。札幌市内の企業から借りた築39年の老朽化した体育館は、工事現場用のジェットヒーター2基をフル稼働させても暖まらず、結局は体育館での練習を中止。暖房の効いたスポーツジムに移動し、筋トレをしたこともあった。

選手たちはリーグ戦で相手と戦う前に、運営会社に対する不満と戦っていた。12月20日に年内最後のリーグ戦を終えた時点で、成績は6勝16敗と低迷。12月上旬に支払われるはずの給料は、全選手が完全に未配となった。そして、運営会社から「お金がないから天皇杯には行かせられない」と宣告された。

大みそかの電話

天皇杯とは年始に東京で開かれる「全日本総合バスケットボール選手権大会」のこと。高校生から社会人まで国内のあらゆるカテゴリーのチームが、トーナメント戦で日本一を決める。大会名に男子は「天皇杯」、女子は「皇后杯」の冠が付き、通称は「オールジャパン」。ＪＢＬを戦う選手にとって、リーグ戦と天皇杯は2大目標となっている。

２０１０年大みそかの夜、折茂は夜遅くまで女性社長と携帯電話で話した。

「選手たちは練習環境など多くの部分を我慢しています。ただ、給料は選手にとって生活の根幹です。これ以上給料が支払われないと、選手の不満は僕も抑えられません」。そして未払い分の給料の支払いと天皇杯の出場を求めた。

長い電話だった。最後に、折茂は社長から「天皇杯に出られるよう、1月初めに1人10万円ずつ支払う」との約束を得た。

２０１１年1月4日、レラカムイは東京で行われた天皇杯3回戦でインカレ覇者の青山学院大に勝ち、7日の準々決勝で同じＪＢＬに所属するアイシンに敗れた。これが「レラカムイ北海道」としての最後の試合となった。

リーグ戦の再開前、日本バスケットボールリーグ（ＪＢＬ）が動いた。給料未払いなど資金繰りの悪化を把握し、1月19日、運営会社のファンタジア・エンタテインメントをリーグから除名したのだ。

ＪＢＬが最も懸念したのは、運営会社の資金繰りが行き詰まり、リーグ戦の途中でレラカムイ北海道が離脱することだった。

ＪＢＬの吉田長寿専務理事は1月19日夜に札幌市内で会見し、驚きの事実を発表した。それまでＪＢＬに提出した決算書で「2億3千万円」としていたファンタジア社の累積赤字が、実際はその2倍に達していたこと。そして、ＪＢＬ加盟のための1千万円の年会費が2年連続で未納だったこと、などだ。

「ファンタジア社によるチーム再建は不可能」として、リーグが終了する春までのチーム運営を、ＪＢＬ直轄会社の日本バスケットボールオペレーションズ（ＪＢＯ）が担い、その社長を吉田が担うことも発表した。

折茂は当時のチーム内の雰囲気をこう説明する。「除名の経験がなかったから、チームが消滅するのは想像できなかった。言葉は良くないかもしれないけど、リーグがなんとかしてくれるだろうと思っていた部分はある」

実際、ＪＢＬが助け船を出してくれた。折茂は続けた。「僕自身、あまり先のことを考えるタイプではなかったので、翌シーズンのことまでは考えていなかった。まずは目の前にある残り試合をしっかり戦うのがベストだな、くらいの気持ちだった」

布で覆われたロゴ

運営を受け継いだＪＢＯ社長の吉田は精力的に動いた。主な任務は３つ。①レラカムイ北海道の選手を新チームに引き継ぐ。②既存のスポンサー企業を回り、新しく運営会社になったＪＢＯへの継続支援をお願いする。③翌シーズン以降の運営母体を見つける。

吉田は札幌市豊平区にある「きたえーる」の一室に選手ひとりずつ呼び、契約書を交わした。

ＮＢＡのスター選手、コービー・ブライアントの父でもあるジョー・ブライアントＨＣは米国に帰省中だった。そのため代理人と交渉したが、高年俸のため再契約を断念した。そしてＨＣとアシスタントコーチの間に格付けられる「アソシエイトコーチ」だった金田詳徳と新たにヘッドコーチ契約を結んだ。

選手年俸の査定は明快だった。残り20試合のうち、ホームゲームは8試合ある。1試合あたりの観客数を仮定し、入場料収入の総額を選手それぞれの年俸割合に応じて割った。全選手がレラカムイ時代の年俸よりも下がったが、契約を渋る選手は1人もいなかった。みんなバスケットボールを続けたかった。

問題はチーム名だ。「レラカムイ北海道」はファンも選手も慣れ親しんでいたが、ファンタジア社の代理人は当初、チーム名を継続して使うには使用料が発生すると説明した。JBOには資金的な余裕がなく、断念せざるを得なかった。

そこで吉田が考えたのは「北海道バスケットボールクラブ」。味も素っ気もない名前だが、翌シーズンに運営を引き継ぐ会社が自由に名前を決められるよう、あえて特徴のない名前にした。裏を返せば、なんとしても運営を引き継ぐという、吉田の執念の表れだった。

JBOが運営する新生チームは、1月22日にホームの北翔クロテック月寒ドームで東芝と2連戦を迎え、後半戦がスタートした。

胸の「レラカムイ北海道」のロゴは布で覆った。試合前やハーフタイムを盛り上げる華やかなチアダンサーもいない。

観客の応援こそ「レラ」「レラ」と従来と同じだったが、コート上で戦っているのは

「北海道バスケットボールクラブ」。不思議な雰囲気だった。1776人と大幅に減らした観客が応援した1試合目は黒星。1935人と再び2千人を割り込んだ2試合目は、83－

ユニフォーム前面のレラカムイ北海道ロゴを覆って試合に臨む
（2011年1月22日、札幌・北翔クロテック月寒ドーム）

73で勝った。折茂は「レラカムイの時は2500人でも少ないと感じていた。こんなにスカスカな中で試合をするのは初めてだった」と不安を感じ始めていた。

試合をする度に観客は減った。運営会社の除名というマイナスイメージが付いたチームに、世間の関心はだんだんと薄れていった。

ワースト記録

折茂が「あれは生涯忘れられない」という試合は、長いバスケットボール人生の中でいくつかあるが、その一つが3月上旬にあった。

後半戦が再開してから約1カ月あまり後の3月4日の日立戦。場所は札幌市にあるアクセスサッポロだ。9勝25敗とリーグ最下位に沈んだチームを応援する観客は、わずか395人。創設1季目から観客動員数日本一を続けてきたチームが、JBLのワースト記録をつくってしまった。プロ選手としてファンの声援を支えにしてきた折茂は、ガラガラの観客席に大きなショックを受けた。

折茂は「レラカムイの観客動員力を思い知らされた」と話すが、除名問題でファン熱が急速に冷え込んだのも事実だった。試合には勝ったものの、選手たちの横を冷たい風が吹き抜けた。運営会社の交代劇を深刻に受け止めてこなかった選手たちも、この時ばかりは「これはまずい」と感じ始め、チーム内に重い空気が漂い始めた。

翌5日の日立戦は観客646人の前で戦い、黒星。このガラガラの観客の前で戦った2連戦が、折茂たちにとってシーズン最後の試合になるとは誰も予想していなかった。

激震

激動のシーズンを戦うチームが激震に見舞われた。比喩表現ではなく、実際に大地震に遭った。東北を中心に未曾有の大災害をもたらした2011年3月11日の東日本大震災だった。

この日、チームは神奈川県内のビジネスホテルに滞在していた。川崎市とどろきアリーナで東芝とのナイトゲームを控えていた。

午後2時46分ごろ、携帯電話から緊急地震速報が鳴らされた直後、滞在しているホテルが猛烈に揺れた。

折茂は「外を見ると電信柱がグラグラ揺れていた。やばい、やばい、やばいと言うしかなかった」。長い揺れが収まった後、何事かと部屋のテレビを付けた。画面の中のニュースでは宮城県で最大震度6強と表示されたが、その後、震度7に修正された。聞いたことのない震度だ。何が起きたのか、すぐには理解できなかった。テレビを見続けたが、最初の揺れからしばらくすると、ホテルは再び揺れた。大きな余震だった。

最初ほどの揺れではなかったが、大きな揺れであることには違いない。「これはまずい」と慌てて廊下に飛び出した。すると中年の女性が両腕を伸ばして廊下の壁で体を支えながら必死に立っていた。「お兄ちゃん助けて」と言われたが、折茂もそれどころではない。廊下の壁に腕を突いて体を支え「僕も動けないです」と必死に耐えた。

揺れが収まった後、「おばちゃん、外に出た方がいいかも」と促した。近くの部屋にいた他の選手に声を掛けた後、階段で1階に下りた。すでにチームメートとスタッフが集まっていた。

桜井は2度目の揺れで、慌ててホテルの外に出た。頭にパーマのカーラーをあてた女性が美容室から逃げ出したのか、道路を右往左往していた。

大阪市出身の山田は中学1年の時に阪神淡路大震災を経験していた。最初の揺れの時は昼寝の最中で、「けっこう揺れたな」と冷静だった。大震災の教訓もあり、念のため部屋のドアを開けたままにした。部屋の外が騒がしかったが、「まあ、大丈夫だろう」と再びベッドに潜り込んだ。2度目の揺れで、折茂が慌てた様子で部屋の前に来て「すげえ揺れたぞ」と言った。山田は「大丈夫っすよ」と答え、ベッドから出なかった。集合時間ぴったりに集合場所の1階に降りるとすでに全員が集まっており、「なんでそんなに早く集まっているの?」と逆に山田の方が驚いた。

停電

余震が続く中、選手、スタッフを乗せたバスが川崎市とどろきアリーナに向けて出発した。試合は午後7時開始だ。

ところが道路は大渋滞。試合会場まで普段なら車で20分くらいなのだが、バスは少し進んでは止まり、少し進んでは止まりを繰り返した。無理もない。停電で信号が消えているのだ。大きな交差点では警察官が道路の中央に立って交通整理していた。バスが動かなくなって長い時間がたった後、リーグから「きょうの試合は中止」との連絡が入った。バスはホテルに引き返そうとしたが、今度は往路と同様に全く動かなかった。

「歩いた方が早いんじゃないか」と、選手たちはバスを降り、ホテルに向かって歩き出した。2時間ほどでホテルに着き、携帯電話の明かりを頼りに階段で部屋に戻った。

折茂は桜井を誘い、夕食に出掛けた。目の前に広がる光景に驚いた。「ホテルの周辺は停電で真っ暗なのに、橋の向こう側は電気が煌々とついていた」。奇妙な情景だった。コンビニエンスストアには食べられるものはほぼなくなっており、2人は牛丼店で腹を満たした。翌日の試合も中止。チームは羽田空港から予定通りの便で札幌に帰った。

予想をはるかに超える大災害だったにもかかわらず、札幌に戻った折茂たちは驚いた。札幌では震災前と変わらない日常が続いていたからだ。停電もなく、スーパーやコンビニエンスストアに行けば食べ物も水も普段通りに揃っていた。関東との状況の違いに目を見張るばかりだった。

全て中止

大地震から4日後、JBLはリーグ戦の残り試合と優勝を決めるプレーオフの中止を発表した。北海道バスケットボールクラブは全42試合のうち36試合を終え、10勝26敗で8チーム中の最下位が決まった。

折茂はこれ以上、試合をしなくていいことにホッとした。

「ガラガラの観客の前で試合をすることに、僕の気持ちが何かよく分からないものにとられていた」

給料が数カ月間なくても、多くの観客の前に立つとプレーに集中できた。ところが観客が激減した途端、折茂の心にぬぐいきれないわだかまりができた。

「北海道ではなかなか勝てない中でも、多くのファンが来てくれた。この言葉が正しいかは分からないけど、勝てなくても、あの雰囲気の中でプレーできることに充実感があった」

試合会場に行けばファンの支えを実感できた。多くの観客の声援がプレーの原動力であり、支えになっていた。それがわずか数百人にまで減ったことで「精神が崩壊しそうだった」と打ち明けた。

経営者

ＪＢＯの吉田長寿は困っていた。

レラカムイ北海道を引き継ぐ会社がなかなか見つからないからだ。

チーム運営を引き受けた後の２０１１年２月上旬、翌シーズンのチーム運営を託す企業や団体を公募した。締め切りは３月末に設定した。

そこに東日本大震災が起きた。日本全体が自粛ムードに包まれ、チーム運営に少しでも興味のあった企業はことごとく手を引いた。それでも最後に残ったのが二つ。一つは道外企業、もう一つは道内外の会社経営者らによる有志グループだった。

道外企業は企業チームを求めていた。例えばトヨタ自動車アルバルクのような、会社のバスケットボール部。つまりは福利厚生としての位置づけだった。プロチームではなかったため、交渉がまとまらなかった。

もう一つの、道内外の有志グループはプロチーム経営を望んだが、ファンタジア社の債権者が有志グループのもとに押し寄せる懸念があり、こちらも話がまとまらなかった。吉田に手詰まり感が漂った。

吉田は日大バスケットボール部出身。折茂の1学年先輩でマネジャーだった。2人が在籍していた時、先輩と後輩の関係は絶対という「体育会気質」が色濃く残っていた。

折茂は「不条理な世界だった」と振り返る。バスケットボール部は世田谷区内に専用寮があり、「部員しかいない、大人の目が届かない世界。それはもう、日常生活からすごかった」と、言葉にするのもためらわれるようなことが起きていたという。

絶対的な上下関係の中にあって、吉田は理不尽を強要しない希有な存在だった。折茂は学生時代から吉田のことを、親しみを込めて「長《ちょう》さん」と呼んだ。それは大学を卒業してからも変わらなかった。

折茂が選手として日本を代表する存在となる一方、吉田は日本バスケットボール協会で競技発展に力を注いだ。常に穏やかな口ぶりで、人当たりもよく、協会内の階段を順調に上った。

２人は卒業後もたまに会う間柄だった。折茂の日大卒業から18年がたち、くしくも北の地で再び巡り合った。そして互いに頭を悩ませていた。

誰かがやらないと

「来シーズンの運営会社が決まらないよ。どうする?」と吉田は折茂に言った。

折茂は軽口をたたいた。「長さんがやったらいいんじゃないの」

「バカ言うな。俺はできないよ」と吉田。

吉田は誰かがトップに立って経営に乗り出せば、翌シーズンのチーム運営はなんとかなると思っていた。あとは、誰がトップに立つか。道内で顔が知られ、道民に温かく受け入れられ、チームを残すことに情熱がある人物。考えれば考えるほど選択肢は一つしかなかった。しかし頭に思い浮かぶそれは、日本のプロスポーツ界で前例がなかった。

東日本大震災の直後で自粛ムードが広がる中、チーム運営に手を挙げる会社も、経営者も、もう出てこないだろう。しかし、誰かがやらないとチームはここで終わる。

折茂も、吉田の考えをなんとなく察した。「ちょっとずつ、俺がやらないといけないのかなという感じになってきた」

その時、折茂には三通りの選択肢があった。

一つは移籍。北海道に来たのも、レラカムイがあったからだ。チームの運営会社が退場となったいま、移籍するのはプロ選手としては最も妥当な道だ。ただ、4年前に北海道に来た時、「最初で最後の移籍にする」と決めており、他のチームに移籍する気持ちはさらさらなかった。

二つ目は引退。レラカムイを最後のチームにするつもりだっただけに、チームが消滅すれば引退するのもありだ。ただ「終わり方が美しくない」とも思っていた。

三つ目はチーム運営。実現可能性が最も低い案だった。第一、現役のプロ選手と経営者を両立できるはずがない。

2人で話し合いを何度も重ねた後、吉田が冗談半分に「選手がチームのトップを兼ねてはいけないというリーグ規定はないんだよね」と言った。すると折茂が反応した。

「じゃあ、俺がやっちゃおうかな」

折茂には確固とした思いがあった。「プレーを続けるなら北海道で」。その思いを実現するには、自らがチーム運営する道しか残っていなかった。

北海道の可能性

折茂は北海道に大きな可能性を見いだしていた。

一言で言うと、発信力。

レラカムイ北海道に移籍した直後から、折茂にとって日常が驚きの連続だった。コンビニエンスストアに行けば、店員から「折茂さん、頑張ってください」と言われた。街中ですれ違うおばあさんと目が合うと「あら折茂さん」と気軽に声を掛けられた。

それは道内特有のマスコミ事情にあった。札幌には地元紙の北海道新聞があり、全国紙も朝日、毎日、読売の支社がある。スポーツ紙は日刊スポーツ、スポーツニッポン、報知、サンケイスポーツと提携している道新スポーツが揃う。テレビ局もＮＨＫに加え、民放５系列がある。各社が競い合うようにレラカムイ北海道を取り上げてきた。

折茂は北海道に来た時、そのマスコミ事情に驚いた。

トヨタ自動車から移籍し、２００７年５月に札幌市内の複合商業施設のオープンスペースで開いた入団会見。大勢の客に加え、新聞社のカメラやテレビカメラがずらりと折茂にレンズを向けた。人前で話すのが得意ではない折茂は柄にもなく緊張した。それまでカメラの前で話す機会はほぼなく、インタビューといえばもっぱら専門雑誌の月刊バスケットボールの取材を受けたくらいだ。

北海道にはすでに、プロ野球の日本ハム、サッカーJリーグのコンサドーレ札幌があり、市民、マスコミともにプロスポーツに親しんできたのが大きかった。

折茂はトヨタ自動車で3度の優勝を経験したが、そこはマイナースポーツのバスケットボール。東京で折茂を知っている人はバスケットボール関係者だけで、街を歩いても声を掛けられることはなかった。「北海道は初めてプロ選手の気分を味わわせてくれた」。それは長く思い描いてきたプロスポーツ選手の姿でもあった。

折茂が講演会で話す鉄板ネタがある。

「トヨタ自動車の時は日本一になっても、新聞の一番下にチョロッと載って、テレビの『すぽると』で10秒流れるだけ」

プロ野球選手やJリーグ選手に比べると、メディアの扱いはあまりに小さかった。「同じスポーツ選手なのにと、心のどこかに悔しい思いをずっと持っていた。俺らの方がきついことやってんじゃんと、いつもイラっとしていた」

だから人よりも高い年俸を要求した。だから高級車にも乗った。だから夜のマチで高い酒を飲み歩いた。国内でもてはやされているプロ野球とJリーグに対する対抗意識からだった。「ほら、バスケットボール選手でもこんなことができるんだよって言いたかった」

バスケットボールを日本のメジャースポーツにするには、道内のマスコミによる発信力が必要だった。

「東京では注目もされなかったし、僕が話す機会もなかったけど、北海道にいれば言いたいことを発信できる。北海道から発信することで、日本のバスケットボール界が良くなると考えた」

暗闇

軽いノリで始めたチーム経営だった。

その後、自身に災難が降りかかることを、折茂はまだ知らない。

チーム運営を決断すると、その旨をチームメート全員に電話した。野口はその時、故郷である道南の七飯町に帰っていた。

トレーニングを兼ね、地元の山を登っていた時、携帯電話が鳴った。折茂の話を聞いた野口はチーム残留を即決した。「本州出身の折茂さんが体を張ってチームを残そうとしている。道産子の俺がチームを去るわけにはいかないと思った」

チーム運営会社の設立を発表する折茂と吉田
（2011年5月10日、札幌・かでる2・7）

5月10日、折茂と吉田は札幌市内で会見し、チームを運営する株式会社の設立を発表した。社長に就任した折茂は「今までたくさんの方に応援してもらったので恩返しするつもりです。10年、20年続くチームをつくりたい」と決意を述べた。

4年前の入団会見の時のように、テレビカメラやスチールカメラがズラリと並んだ。報道陣の方を向いて吉田が右、折茂が左。折茂は右手にマイクを持ち「会社もチームも新しく生まれる。名前も新たにスタートする」と堂々と話した。

日本バスケットボール協会の会長を務める麻生太郎に会うため、東京に飛んだ。麻生は「折茂君はいいプレーヤーだと思う。しかし、いいプレーヤーだからといっていい経営者になれるとは限らないよ」と迫力のある声で言われた。折茂は圧倒されたが、こうも思った。「協会のトップにも会った。チームが困った時にはまたリーグが助けてくれるんじゃないの」。それが甘い考えだと分かるまでにそう時間はかからなかった。

会見から1カ月後、新たに設立した一般社団法人「北海道総合スポーツクラブ」にチーム運営を移し、折茂は理事長に就任した。自治体や企業、個人などから支援を受けやすくするためだった。折茂だけが責任を負うのではなく、複数の理事で責任を分担するためでもあった。

慣れない営業

札幌の春は東京に比べると1カ月ほど遅い。折茂は桜の花がほぼ散った5月中旬、スーツに身を包んで精力的に営業活動を始めた。桜井と同時に契約書に判を押してから4年が経っていた。

とはいえ、選手一筋だっただけに、営業の仕方を知らない。それまではバスケットボールで得点することが自身の存在証明だった。コートを飛び出した41歳は、新入社員と同じように右往左往した。

まず名刺の渡し方が分からなかった。そもそも選手でいる間は、名刺を使う機会がほとんどなかったからだ。

「名刺交換したことないので、教えてもらってもいいですか」

折茂が頭を下げた相手はレラカムイ北海道運営会社の元女性社員、沼村詩《うた》だ。沼村は折茂の態度に目を丸くした。社員時代に理不尽によく怒られていたからだ。「あの折茂さんが頭を下げている。しかも敬語だ」。緊張して名刺の渡し方を教えると、折茂は「わかりました。ありがとうございます」と再び頭を下げた。

沼村は運営会社にいた時、営業をしていた。「ビル倒し」と呼ばれる営業では、ビルの最上階から1階まで全ての会社を訪れ、「レラのチケットを買ってください」と頭を下げて回った。

子育てとの両立が難しく、運営会社を約1年で退社した後、レラカムイ北海道の公式グッズを販売する会社に入った。折茂が新チームを立ち上げた時、その会社は引き続きグッズ販売の協力要請を受けていた。

沼村は正直にいうと、折茂が大嫌いだった。社員時代、ファンサービスのイベントで折茂にサインを求める長い行列ができた。サインを終えて控え室に戻った折茂に、沼村はいきなり怒鳴られた。

「ヌマムラ!! イベントではお前が時間を仕切れ。俺は忙しいんだ!」

入社するまでスポーツビジネスに縁のない沼村だったが、折茂の態度に驚いた。プロスポーツ選手はファンサービスが当然。そう思っていただけに、自己中心的な折茂を色眼鏡で見るようになった。普段呼ばれる時は「おい」とか「お前」。名前で呼ばれたことはほとんどなかった。「選手としてはすごいのだろうけど、人間的には傲慢で大嫌い」

その折茂が頭を下げていた。沼村は思った。折茂はチームを北海道に残すためなら自らのプライドも平気で捨てられるんだ、と。「この人のために、少しでも力になりたい」と思った。

苦痛の営業

「これまでの人生で人に頭を下げたことがない」という折茂にとって、企業回りは苦痛でしかなかった。

レラカムイ時代のスポンサー企業を片っ端から回ったが、反応は厳しかった。東日本大震災で広まった自粛ムードに加え、ファンタジア社がリーグの表舞台から消えた影響が感じられた。折茂は「どこに行っても何をやっても厳しかった」と沈痛な表情で振り返る。折茂が設立した社団法人は、ファンタジア社の債権や債務を引き継いでいない。しかし道内におけるプロバスケットボールチームというと、負のイメージが付いて回った。営業に行くと「あんなことがあったから、なかなかねえ」「ああ、バスケね。うちは無理」とほぼ門前払いだった。

加えて、「自分の気持ちを言葉にして伝えるのが全然できない人間だった」。頭では言いたいことが思い浮かぶ一方で、それを言葉として表現できなかった。初対面の人と向かい合わせになっている時間が苦しかった。

「ふぅー」と大きなため息をつき、折茂は沼村が運転するファミリーカーの助手席の背もたれに寄りかかった。そして沼村に聞いた。「今の説明は大丈夫だった?」。折茂と沼村、男性スタッフの3人で企業回りすることもあれば、どちらかとの2人で回ることもあった。営業の仕方を2人から少しずつ学んだ。

折茂は日本代表候補合宿に参加した時も、その合間に東京で1人で営業回りをした。札幌に戻ると分刻みでテレビ各局を回り、視聴者に支援を訴えた。営業につながるからと、新聞や雑誌の取材にも精力的に応じた。営業、営業、テレビ出演、取材、営業、営業…。

激やせ

北海道の短い夏が始まっても。折茂の営業は続いた。リーグからは「スポンサー料で最低5千万円は必要」と言われていた。折茂はチーム年間運営費を1億8千万円と見積もり、そのうちスポンサーからの獲得目標額を1億円に設定した。残る8千万円は主に入場料収入からだ。

講演や企業回りでは名刺を手にあいさつする
（2012年9月6日、札幌市中央区）

相手にどれだけ冷たくされても、折茂は「10万円でも20万円でもいいんです」と頭を下げ続けた。観客動員の見込みが立たないため、シーズンを戦い抜くにはスポンサーからの収入が頼りだ。沼村によると、話を聞いてくれる企業が15社あれば、その中からスポンサーになってくれるのは1社あればいい方だった。

折茂は慣れない営業を続けたことから寝られなくなり、食事がのどを通らなくなった。

日に日にやせていく折茂を見て、沼村は「このままいくと選手としてプレーできなくなる」と本気で心配した。そこで一計を案じた。企業回りの時間を、昼食や夕食の前後にセットした。「私、おなか空いたので、ちょっとご飯に付き合ってください」「なんだよ、それくらい一人で食えよ」。弱々しく笑う折茂の表情に生気がない。沼村が食事を注文する時、折茂の分も注文した。折茂が細くなった腕で箸を持ち、少しでも口に入れると沼村はホッとするのだった。

折茂はこの時期、生まれて初めての過呼吸も経験した。精神的に追い詰められていたのだろう。東京の友人が心配して札幌に来た。妻の利佳も千葉から飛んできた。「たぶん、僕の言動が尋常ではなかったのでしょうね」

折茂はこの時期の記憶がほとんどない。「チーム経営に乗り出してから最初の2、3カ月の記憶がない。放心状態に近く、自分が行ったところ、やったことを覚えていない」

救いの手

そんな時、スポンサーに名乗り出た企業が現れた。札幌市の隣、秋ザケと石狩鍋で有名な石狩市にある花川病院だ。

東京にある医療法人社団の理事長を務める竹川節男は東京にいた時、たまたまテレビでニュースを見た。画面の中で、現役プロ選手の折茂が北海道にチームを残そうと奮闘していた。「感激した。この選手の力になりたいと思った」

系列の医療法人が運営する花川病院に電話し、「折茂という選手が運営するチームのスポンサーになる」と伝えた。竹川は花川病院に行った際、病院の理事長室で折茂と会った。黒色の1人掛けのソファー2つと、同じく黒色の3人掛けソファーが机を挟んで向かい合わせに置かれていた。その場でスポンサーの合意が決まり、後日、正式に契約した。沼村は、その金額に驚いた。「スポンサーが全然決まらなかった時で、本当にありがたい額だった」

人生を掛けて必死に戦う男に、神様が少しだけほほ笑んだ。花川病院は現在も主要なスポンサーとして支援を続けている。

吉田長寿は、電話連絡がつかなくなった折茂を心配した。「まさかとは思うが、もしかして」との思いがよぎり、一度ならず二度も東京から札幌に飛んだ。

二度目に訪れた時はマンションの部屋から幽霊のように青い顔をした折茂が出てきた。寝起きだった。「目標額には全然届いてないけど、営業でやるべきことはやった。もう少し寝かせてくれ」。吉田は折茂が生きていたことにホッとしたのだった。

レバンガ北海道

「北海道バスケットボールクラブ」にいた日本人選手は10人。折茂、桜井、野口に加え、柏倉秀徳、阿部友和、伊藤将伸、勝又穣次、山田大治、比留木謙司、そして練習生の八幡幸助だ。

前のシーズンが東日本大震災で打ち切られた直後から、折茂は強い口調で選手に言い続けた。「いい条件で移籍の話が来たら、そのチームに行け」。ほとんど命令口調だった。どんな形でも自分は北海道に残るが、チームの先行きは不透明。特に家族のいる選手には移籍を強く勧めた。

インサイドを主戦場とした200センチの山田はリンク栃木からのオファーに「北海道に新しいチームができるなら、北海道に残りたい」と答えた。ところが新チームの設立見通しが立たないまま栃木との契約期限を迎えたため、やむなく移籍を決めた。

山田は「北海道のチームメートが好きだった。みんな仲が良かった。野口たちの面倒もよく見たし、札幌は今まで住んだ中で最も住みやすい街だった。できれば北海道でもっとプレーしたかった」と苦しい思いを明かした。

正ポイントガードの柏倉は日立、196センチの勝又は東芝にそれぞれ移った。そして八幡が退団した。

桜井は振り返る。「折茂さんがチームの運営をするのは正直、心配だった。そういう柄じゃないから。でも、よく分からない人が経営するのだったら僕は北海道に残っていなかったかもしれない。折茂さんだったから北海道に残った」

トヨタ自動車で2季、北海道で4季を一緒に戦った折茂への信頼に加え、選手個人としても北海道に残りたかった。「2007年のホーム開幕戦でコートに入った時、大観衆に迎えられた衝撃が忘れられない。あれ以来、多くの人の前でプレーするのが選手にとって一番いいと思っていた」と話す。

どっちで戦いたい？

折茂は残ってくれた選手を札幌市内中心部にある自宅マンションに集めた。

「このままＪＢＬに残って戦いたいか、ｂｊリーグに移って戦いたいか。みんなの気持ちを正直に言ってくれ」

ｂｊリーグは２００５年に始まった日本初の男子「プロ」バスケットボールリーグ。プロリーグ化しない日本バスケットボール協会にしびれを切らし、傘下のＪＢＬ（日本リーグ）から新潟アルビレックス、その下部リーグから埼玉ブロンコスが脱退。それに仙台89ｅｒｓ、東京アパッチ、大阪エヴェッサ、大分ヒートデビルズを加えた計６チームで、２００５〜０６シーズンを戦ったのが最初だ。２０１１〜１２シーズンには20チームが加盟していた。

折茂はＪＢＬに事情を話したうえで、ｂｊリーグに話を聞きに行っていた。ｂｊリーグは米国ＮＢＡを参考にした会場演出で人気があり、折茂によるとチーム運営費は「ＪＢＬチームの半分くらい」。一方、ＪＢＬでトヨタ自動車や日立などの大企業チームと戦うには、それなりの資金が必要だ。「実力のＪＢＬ、人気のｂｊ」とも言われていた。

選手に尋ねたのは、スポンサー獲得が低調で、チームの運営資金が予定を大きく下回る見通しだったからだ。

選手たちの答えは全員一致だった。「高いレベルでやりたいからＪＢＬにとどまりたい」。

日本代表のほぼ全員がＪＢＬ所属チームから選ばれていたのも大きかった。
折茂自身も「ＪＢＬの方が本流」との思いがあり、ＪＢＬ残留を決断した。
7月13日、日本バスケットボールリーグ（ＪＢＬ）の理事会が開かれ、チームのリーグ参入が承認された。これを境に、折茂の精神的な暗黒の日々が少しずつ薄らいでいくのだった。

ロイブルと再会

8月に入るとヘッドコーチが決まった。トヨタ自動車で2季指揮したトーステン・ロイブルだ。ロイブルがトヨタを指揮した1季目は、折茂と桜井がトヨタでプレーした最後のシーズンでもある。折茂と桜井のプレースタイルも、日本のバスケットボールもよく知るドイツ人指揮官だ。

「自分の人生の中で最も挑戦的なこと」とロイブルは就任会見で述べた。その通りだった。チームを運営する一般社団法人の先行きも、戦力も不透明。文字通り、新チームを率いるのは挑戦といえた。

ロイブルが推薦したのが、セネガル出身のジュフ磨々道だった。bjリーグの仙台と埼玉で3季プレーし、その後仙台市内で日本語を学びながら日本国籍取得を目指して独自に練習していた。国籍取得のタイミングでオファーし、獲得に成功した。

折茂は佐古賢一の手伝いを得て、東京と札幌で一度ずつ、入団トライアウトを行った。東京ではＪＢＬ２部の鹿児島にいたフォワード種市幸祐を獲得した。これは種市の動きを見た佐古の推薦だ。札幌での収穫はなかったが、その後、ｂｊリーグの埼玉にいたＰＧ宍戸治一、ＪＢＬ三菱電機にいた31歳で１９５センチの大型フォワード栗野譲を獲得した。

新しく入団した日本選手４人のうち、レラカムイと同じＪＢＬでプレーしていたのは栗野のみ。人数はなんとかそろったものの戦力にはやはり不安が残った。

新しいチーム名は公募した。折茂は「正直、レラカムイのインパクトが強く、個人的にもすごくいい名前だと思っていた。だから新しい名前にする時の第一の条件として、北海道の人みんなに覚えてもらえる名前にしようと思った」

１２０点あった作品のうち、悩みに悩んで、１点だけ応募があった「レバンガ北海道」に決めた。ガンバレを反対から読んだ名前だ。道民にいつまでも応援してもらえるように、との思いを込めた。折茂は自分に対するエールにも思えた。

チームカラーは北海道の大地をイメージした明るい黄緑色に決め、「レバンガグリーン」と名付けた。

妻の涙

新生チームの開幕戦は10月7日、東京代々木第二体育館であった。開幕戦の2日前、ようやく新ユニホームのお披露目ができた。「レバンガグリーン」と呼ぶ独特の黄緑色の染色に時間がかかったためだ。ドタバタのうちにリーグ戦が始まった。

開幕戦の相手は日立。北海道から移籍したばかりのPG柏倉、そして大学時代から日本代表に選ばれている竹内譲次らがいた。真新しいユニホームに身を包んだレバンガの選手たちは、主将となった司令塔の阿部を中心に戦いを挑んだ。

折茂はコートに立った時、「もう一度ここに立てたという、ぐっと来るものがあった」。3点シュート3本を入れ、両チーム最多の24得点を挙げたが、チームは71－74で惜敗した。レラカムイ時代を含め、5季連続での開幕戦黒星スタートだったが、ほぼ互角の戦いに選手たちは「企業チームと十分に戦える」と感じた。

翌日の日立との第2戦は一進一退の接戦の末、72－70でものにした。PG阿部が試合開始直後に左足小指を骨折したが、その役割を桜井や宍戸がカバーした。試合終了まで残り17秒、ジュフ磨々道がインサイドからバスケットカウントによる3点プレーを決めて逆転。「レバンガ北海道」の初白星に、ベンチは総立ちとなって喜んだ。折茂は白い歯を見せな

「レバンガ北海道」初勝利でガッツポーズ
（2011年10月８日、東京・代々木第二体育館）

がら、右拳を握った。

開幕2カード目のアイシン戦は、折茂にとって特別な試合となった。レバンガ北海道として初のホームゲーム。道東にある帯広市で戦った。折茂の盟友である佐古が前季で引退し、9月のアジア選手権で桜井とともに日本代表でプレーした帯広市出身の柏木真介が司令塔を務めていた。

初戦は81－89で敗戦。ところが2戦目は第2Qに逆転すると、一度も追い付かれることなく堂々の勝利を飾った。「レバンガ北海道」のホーム初勝利にファンは沸いた。涙を流して喜ぶファンもいた。

折茂はその姿を見て、心を縛っていた鎖がほどけるのを感じた。「自分の思いを前面に出してチームを残したけど、それで本当に良かったのか不安だったし、半信半疑だった。だけど、喜ぶお客さんの姿を見てチームを残して本当に良かったのだと思えた。その意味では自分自身が一番うれしかった」

試合会場となった帯広市総合体育館の廊下に、女性の泣き声が響いた。

折茂の妻、利佳だ。折茂の姿を見た瞬間、勢いよく抱きつき、あふれる涙を抑えられなくなった。言葉を伝えたいのに、言葉にならない。ただ感情だけがあふれた。夫である折茂の苦労を千葉から見てきた。心配で札幌にも行った。レバンガ北海道としての最初のホームゲーム2連戦を見守った。経営者として全選手、全スタッフの生活を守るという重い責任を背負いながら、選手としてコートで戦う夫をスタンドからじっと見ていた。

利佳は折茂に抱きついたまま号泣し続けた。何事かと報道関係者が集まり、テレビカメラが回り始めても、利佳は泣きやまなかった。折茂は振り返る。「トヨタで優勝した時も、嫁が人前で泣くことはなかった。帯広の試合の前にも後にもない。僕の行動がそれだけ嫁に心配を掛けていたのが分かった」

出会い

利佳と出会ったのは、折茂がトヨタ自動車にいた25歳の時だ。オフシーズンのバスケットボールイベントで、MCをしていたのが利佳だ。

グループ交際から始め、2人は時間をかけて少しずつ距離を縮めた。折茂によると「一緒の空間にいて居心地のいい人」。利佳がバスケットボールを全く知らず、束縛しないのも、折茂にとっては気楽だった。波長が合うのか、2人はケンカすることがほとんどなかった。そして結婚し、長男が生まれた。

レラカムイ北海道への移籍を利佳に相談した時は、利佳の「もう決めているんでしょ」の一言で終わった。札幌への単身赴任も、利佳は文句一つ言わなかった。折茂にとって理想の妻だった。

実は、プレーを考えると単身赴任の方が気が楽だった。試合前には神経質になるからだ。

トヨタ自動車時代も、シーズン中の平日は家族と一緒だが、試合がある週末になると利佳と長男は千葉の実家で過ごすことが多かった。自分の生活リズムが乱れるとプレーに影響が出るからだ。

札幌と千葉。直線距離にして約８００キロ離れた結婚生活が10年以上となったが、折茂は「気持ちが離れたことはない」と言い切る。それは次の言葉からも分かる。「俺、奥さん大好きですから」

試合前のルーティン

折茂は試合前、張り詰めた神経をなだめるように判で押したように同じ行動をする。起きるのは試合の４時間前だ。夜に試合がある時は朝に起きた後、いったん昼寝をし、やはり試合の４時間前に起きる。まずタバコに火を付け、20分くらいはボーッと過ごす。そして食事をとる。若い時はゼリータイプの飲料のみで試合会場に出掛けたが、年齢を重ねてからはうどんやパスタなどの麺類が多くなった。「俺、コンビニ大好き」と話すように、しばしばコンビニエンスストアで調達した、できあいの麺類を食べる。

食事の後、シャワーを浴びる。シャワーから出ると、まず髪の毛をセット。身ぎれいにした後、最後に歯磨きだ。アウェーの場合は、チーム集合時刻の20分前には支度をすべて終わらせる。

この一連の動作のどれを妨げられても、試合に影響するという。例えば、髪の毛をセットする時、家族が洗面所を使っていると、それだけでイライラし、試合でもプレーが乱れる。

会場に着いた後、まず探すのはタバコ部屋だ。たまに喫煙所のない会場で試合する時は、「ねえかあ。今日はきついな」と言うくらいでタバコを我慢する。

折茂は家での生活リズムにこだわる一方、会場やコート内でのルーティンにはあまりこだわらない。足のテーピングをする、靴下を履く、バスケットボールシューズを履くのはすべて左から。それ以外はあまりない。

全メニュー消化

プロスポーツ選手としては、タバコを多く吸う方だと自覚している。かといって人より多く練習することはない。自主練習や居残り練習はまずしない。「試合と同じシチュエーションでシュートを打たないと意味がない」と、チーム練習での1本のシュートに全力を尽くす。

　この話をする時、折茂はよくゴミ箱の話をする。「部屋の隅からゴミ箱にゴミを投げるとほとんど入る。もし外しても、2回目は必ず入る。1回目で感覚が分かるから、2回目はそれを修正すればいい」。手先の感覚が人より鋭いのだろう。チーム練習の後、若手選手たちがコートに残ってシュート練習をしているのを横目に、折茂は真っ先に体育館を後にする。

　オフシーズンには体を一切動かさない。軽めのランニングすらしない。特に、レバンガ北海道を設立した後は、経営者としてのあいさつ回りやイベント出席に忙殺され、休みは月に1日あるかどうかの忙しさだ。タバコを多く吸い、コンビニエンスストアの食べ物が好きで、自主練習をしないトップアスリート。一般の人が想像するプロ選手像からはかけ離れている。

　初夏に始まるチーム練習は体力づくりから始まる。オフに全く体を動かさなかった折茂はここで七転八倒の苦しみを味わう。ところが周りから遅れながらも、若手と同じメニューをこなす。陸上競技場を使った長距離走では周回遅れになり、インターバルトレーニングで吐きそうな顔をしても、絶対に最後までやりきる。「この時期になると、バスケットボールを辞めたいと本気で考える」と冗談を言うのも毎年のことだ。

２０１７年9月の開幕直前にアルバルク東京から期限付きでレバンガ北海道にやってきたポイントガードの伊藤大司は、折茂の練習を見て驚いた。

「折茂さんが47歳で現役をしていられるのって、正直、メニューを減らしてもらっているからだと思っていた。だから折茂さんが僕たちと同じ練習していてびっくりした。僕のすぐ隣でマシンを使って筋トレをしていたりして（笑）。シーズンに入ると、平日に毎日きつい練習を続け、週末の２試合を平気で戦っている。僕がその年齢だったら絶対にできない」

マイナスからのスタート

帯広でホーム初白星を飾った後、続くトヨタ自動車戦ではオールコートでのゾーンプレスとマンツーマンを駆使し、相手にシーズン初黒星をつける１勝をもぎとった。

折茂が「42戦全敗も覚悟した」と臨んだシーズンだったが、６戦して３勝３敗と、周囲の予想を超える順調な滑り出しを見せた。企業チームを相手に対等の戦いを展開し、ファンを喜ばせた。

指揮官のトーステン・ロイブルは選手層の薄さを戦術でカバーしようとしていた。「弱者の兵法」の基本である守備を重視し、ドイツ人らしい生真面目さで攻守の規律を徹底した。折茂は「選手の起用法が抜群だった」と独自の分析をした。

折茂にとってトヨタ自動車で最後のシーズンを指揮したのがロイブルだった。折茂が先発で使われたのは24試合中14試合。その前のシーズン、ジョン・パトリックHCのもとで先発がわずか3試合だったのに比べると、いくらか改善したが、それでも折茂は「パトリックの時と、俺の扱いは大差なかった」との印象をぬぐえなかった。

ところ変われば「人」変わる。レバンガ北海道の指揮官となったロイブルは、41歳の折茂の良き理解者となり、「使いどころ」を心得ていた。ほぼ全試合で先発起用しながら、ベンチで休む時間を多くとってプレータイムを調整。そしてここぞの場面で再び折茂をコートに送り出した。折茂だけではない。全選手の調子と疲れを見定め、絶妙なローテーションを組むのだった。第４Ｑで逆転する試合が多かったのも選手の使い方がうまかったおかげだろう。

折茂は「ベンチから見ていて、ああ、危ない危ないという流れになると、必ず僕に声がかかった。終盤の勝負どころで、ここは俺の出番だろと思う場面でも必ず使ってくれた」

と話し、気持ち良くプレーできたという。

得点面で折茂とともに貢献したのが201センチ、134キロで、元アメフト選手の巨漢ジャイ・ルイスだ。入団1季目を終えて一度は退団したものの、再びチームに復帰していた。ポストプレーに加え、3点シュートも決められる器用さがあった。折茂は「とても頭のいい選手で、それまではやる気があるのか分からないプレーをして、第4Qになると急にスイッチが入った。終盤での逆転勝利が多かったのはルイスのおかげ」と評した。

シーズン折り返しとなる2011年12月末までの前半戦の成績は9勝13敗。8チーム中の7位と黒星こそ先行したが、レラカムイ時代の過去4シーズンを勝率で上回った。開幕前に激やせした折茂は12月末までで、1試合平均14・5得点のリーグ7位。前季のトータルより3点ほど少ないが、数字を大きく落とさなかったのはロイブルHCのおかげでもあった。その指揮官は「折茂は熟成されたワイン。だから大丈夫なんだ」というしゃれた表現で、その熟達したプレーを褒めながら使うのだった。

開幕2戦目で骨折して離脱した司令塔阿部の穴は、2季ぶりにPGを務めた桜井が埋めていた。

郵便はがき

料金受取人払郵便

札幌中央局
承認

2454

差出有効期間
2021年12月31日まで
(切手不要)

0608751

801

(受取人)

札幌市中央区大通西3丁目6

北海道新聞社 出版センター

愛読者係
行

お名前	フリガナ		性別
			男・女
ご住所	〒□□□-□□□□ 都道府県		
電話番号	市外局番( ) —	年齢	職業
Eメールアドレス			
読書傾向	①山 ②歴史・文化 ③社会・教養 ④政治・経済 ⑤科学 ⑥芸術 ⑦建築 ⑧紀行 ⑨スポーツ ⑩料理 ⑪健康 ⑫アウトドア ⑬その他( )		

★ご記入いただいた個人情報は、愛読者管理にのみ利用いたします。

愛読者カード　　　　折茂武彦　弧を描く

<本書ならびに当社刊行物へのご意見やご希望など>

■ご感想などを新聞やホームページなどに匿名で掲載させていただいてもよろしいですか。（はい　いいえ）

■この本のおすすめレベルに丸をつけてください。

高（　5・4・3・2・1　）低

〈お買い上げの書店名〉

都道府県　　　市区町村　　　書店

■ご注文について

北海道新聞社の本はお近くの書店、道新販売所でお求めください。
道外の方で書店にない場合は最寄りの書店でご注文いただくか、お急ぎの場合は代金引換サービスでお送りいたします【1回につき代引き手数料300円。商品代金2,500円未満の場合は、さらに送料500円が加算されます】。お名前、ご住所、電話番号、書名、注文冊数を出版センター（営業）までお知らせください。

【北海道新聞社出版センター（営業）】電話011-210-5744　FAX011-232-1630
電子メール pubeigyo@hokkaido-np.co.jp
インターネットホームページ https://shopping.hokkaido-np.co.jp/book/

目録をご希望の方はお電話・電子メールでご連絡ください。

講演会

折茂はシーズン中も試合の合間を縫って営業を続けた。講演会を始めたのもこの頃だ。レバンガをできるだけ多くの人に知ってもらおうと、演台の前に立つことにした。

知り合いに講演会のやり方を一から指導してもらった。「講演会では何を話すべきか」の基本的な資料を作ってもらい、そこに自分の体験を肉付けした。

生まれて初めて講演した企業の研修会は冷や汗ものだった。資料を用意し、練習も十分で臨んだ。資料を読んでいたところ棒読みになっていることに気付き、「途中から資料を見ないで話した」。すると、話がどんどんと違う方向に進んでしまった。頭の中が真っ白になり、とっさに出た言葉は「僕、何を話すのでしたっけ?」。聞いてくれた人の反応は全く覚えていない。

苦手だった講演会も、何年も続けるとお手のものになった。折茂が得意とするのが、子供がいる講演会だ。講演を指導してくれた人の教えは「反応のいい人間を探せ」。子ども達は目をキラキラと輝かせて話を聞いてくれ、「話が届いている」と感じる。

道北で2016年のシーズン中に開いた親子対象の講演会。中学2年の子供を持つ母親が折茂に質問した。「息子は中学でバスケットボールを始め、いまはスランプで落ち込んでいる。親として子供に何をしてあげられるのか」。その子供も講演会に来ていた。するとそのその子供に向かって「2年でスランプなんかねえよ」と言い放った。会場がどっと沸いた。「俺は46歳で現役だけど、まだスランプはこない。毎日の小さな積み重ねしかないから、前の日よりも悪くなることはない。一番ダメなのは2年でスランプと思うその心だ。心を強く持ちな」

レバンガのチームメートに話すのと変わらない口調だった。

折茂は続ける。「周りの友達もちゃんとサポートしなきゃダメだよ。なんでシュートを外すんだよと言われるのと、大丈夫、大丈夫、次があるから、と言われるのとどっちがいい。絶対に後の方だろう。それをみんなで支え合うからチームなんだよ」。質問した母親、そして会場にいた複数の保護者がハンカチを目に当てていた。折茂が話す内容は、人生経験がある人ほど胸に響くようだ。

折茂自身は「いい話」をしているつもりはない。難しい経営の話もできない。自分が体験したことと、バスケットボールについて考えていることを、普段と同じ口調で話すだけだ。その言葉には、苦労した者だけが持つ重みがある。

講演会で経験を語る
（2013年４月３日、北海道・日高町門別総合町民センター）

二足のわらじ

レバンガ1季目に話を戻そう。

折茂にとって試合だけが「癒やし」の場となった。プレーに集中している2時間だけは経営を忘れられた。その他の時間は、すなわち練習中や食事中、就寝中も、ふとした瞬間に資金繰りに思いが至るのだった。

シーズン真っ盛りなのに、営業に行くと相手に冷たくされた。折茂は「1回潰れたものを立て直すのは想像していた以上に大変だった。何もない、まっさらなところからチームを立ち上げた方がずっと楽だろうなと思った」と苦い顔をした。ゼロからのスタートではなく、マイナスからのスタート。資金繰りは日増しに悪化した。

経営者と選手の二足のわらじに、体も悲鳴を上げた。体をケアする時間がなく、慢性的に腰痛を抱えていた。「ボルタレン」という効き目の強い鎮痛剤を飲んでも痛みが消えず、座薬の痛み止めを使って試合に臨んだ。体の痛みは後回しにできるが、次から次へと降りかかってくる経営の難題は後回しにできない。資金繰りでストレスがたまり、体の状態がさらに悪化する悪循環だった。

年明けのリーグ後半戦は、初のプレーオフ進出をかけた戦いとなった。

8チーム中、上位4チームまでがプレーオフ進出圏内だ。2月25日夜の時点で、圏内ギリギリの4位にいるパナソニックは20勝14敗。6位のレバンガは14勝19敗で、残りは9試合。パナソニックとは5・5ゲーム差があり、レバンガは絶望的な状況から巻き返そうとしていた。

2月26日は7位の三菱電機との対戦。折茂は開始直後から爆発した。いつも以上に精力的にコート内を走り回り、第1Qだけで3点シュートを4本沈めた。この試合、両チーム最多の27得点を挙げ、チームの勝利に大きく貢献した。「プレーオフを諦めたくない」という折茂の執念だった。

41歳の熱が、チームに乗り移った。続くホーム2連戦で2位のトヨタ自動車を連日で撃破し、順位を5位に上げた。その勢いで、日本屈指のシューター川村卓也を擁する6位のリンク栃木に連勝。レラカムイ時代を含めチーム初となる5連勝を挙げた。

「この素晴らしいチームを離れるのは寂しくもある」。残り4試合となったところで、ロイブルHCが帰国した。ドイツで妻が出産するためだ。リーグ最終盤で指揮官が離脱するのはチームが動揺しかねない出来事だが、チームは出産による帰国を認めた契約を結んでいた。

ヘッドコーチ代行は佐藤光壱アシスタントコーチが務めた。北海道出身で、さいたま市立大宮北高の保健体育教諭。アシスタントコーチとして学校の合間にレバンガの試合や練習に立ち会っており、現役教諭がＨＣ代行を務める異例の人事だった。

ゾーンに入った

５連勝したレバンガは19勝19敗の５位。これに対し３位日立、４位パナソニックはともに22勝16敗。残り４試合で、パナソニックとは３ゲーム差があった。追い付くには、最低でもレバンガは３勝が必要だ。

３月16、17日、川崎市とどろきアリーナでレバンガは最下位東芝に２連勝した。チーム初の７連勝。折茂は「チーム全体がゾーンに入っていた」という。ゾーンとは極度の集中状態にあって、不安や緊張などのマイナスな感情が全くない状態のこと。選手それぞれが初のプレーオフに向けて心を一つにしていた。ロイブルＨＣの帰国も、選手たちが強固にまとまる要素の一つにすぎなかった。

この間、パナソニックは１勝１敗、日立は２敗した。これにより、３位パナソニックは23勝17敗、４位日立は22勝18敗、５位レバンガは21勝19敗。リーグ最終週のレバンガは、パナソニックとの直接対決2連戦が待っていた。

運命のパナソニック戦は、大阪府枚方市のパナソニックアリーナで行われた。真夏には最高気温が35度を上回る枚方市だが、対戦する3月23日午後4時の試合開始時点で、気温が10度に満たなかった。風もやや強かった。屋外で寒風吹きすさぶ中、両チームともにプレーオフ進出を懸けた熱い戦いが始まった。

パナソニックは1951年創部の伝統あるチーム。優勝経験も多く、開始直後からその底力を見せつけた。身長210センチのセンター青野文彦がゴール下を守っているため、レバンガはアウトサイドから崩そうとした。

ところが策を読まれ、3点シュートを狙う折茂や野口が序盤から激しいプレッシャーを受けた。後半はパナソニックにギアを上げられた。社会人2季目の若き司令塔、渡辺裕規に早いパス回しをされ、怖いもの知らずのルーキー金丸晃輔に次々と得点を許した。折茂の16得点もむなしく、レバンガは76−86で敗れた。一方、リーグ4位の日立は三菱電機に圧勝していた。レバンガの5位が確定し、プレーオフ進出の夢がついえた。

翌日のパナソニック戦を白星で飾り、レバンガ北海道の通算成績は22勝20敗で5位。4位パナソニックは24勝18敗。プレーオフまであと一歩だった。それでもシーズン成績はレラカムイ時代を含めて初めて勝ち越し、順位も過去最高の5位。チームのエース選手が運営母体のトップを務める異色チームの1季目の挑戦が終わった。折茂は平均16・2得点でリーグ4位。そしてベスト5に選ばれた。

第3Q

バスケットボール選手

もう一つの戦い

プレーオフ進出を目指してチームが激闘を繰り広げる裏で、折茂は別の戦いをしていた。チームの運営資金がほぼ底をついたのだ。

当時の報道によれば、レバンガ北海道1季目のシーズン終了時のスポンサーは14社。リーグ戦の最中も折茂はスポンサー獲得に奔走したが、目標額の1億円には及ばなかった。

資金の捻出法を話し合おうにも、一般社団法人の決済に関する決定には理事会の承認が必要だ。ところが理事はそれぞれ仕事があり、なかなか集まれない。折茂は「ようやく理事会を開けても、理事に金銭的負担を掛けられないから、銀行からの借り入れもできなかった」と話す。

「明日は給料日だ」と若手が無邪気に話すのが、背中に重くのしかかった。

給料の未払いだけは避けたかった。レラカムイ時代に自らが給料未配を経験。給料が入らない選手がどういう状況に追い込まれるかを知っていたからだ。その自分が給料未払いをする側になるわけにはいかなかった。なにより、当時の女性社長に「給料は生活の根幹です」と言い切ったのは他でもない、自分だ。

そこで禁断の決断をした。選手と社員の給料を支払うため、自らの貯金に手を付けた。いつもは事後承諾の妻の利佳にも、さすがに相談した。利佳は動揺ひとつすることなく「自分で苦労して稼いだお金だから、自分が好きに使えばいいよ」と言ってくれた。

選手として絶頂期を迎えたトヨタ自動車では14季プレーした。ピーク時には当時の選手としては破格の推定3千万円に出来高払いの年俸をもらっていたが、夜な夜な若手を引き連れて繁華街を飲み歩いたため、けっこうな金額を消費した。レラカムイ北海道に移籍した時の年俸は推定4千万円あった。

この時の貯金額は「正直、覚えていない」。おそらく、5千万円から6千万円ほどという。そこから選手や社員の人件費などを捻出すると、多い時で1カ月に800万から900万円が消えていった。

1季目のリーグ戦が終わると、それまで以上にスポンサー獲得に力を入れた。それでも足りない分を自らの貯金で補った。レバンガ北海道の2季目は、折茂の貯金がいつまで持つかの戦いとなった。

購入からまだ1年もたっていなかった約1千万円のアウディQ7も「こんな車に乗っている場合じゃない」と売った。宝石やネックレスなど換金できるものは全て売った。そのお金も、あっという間に運営費に消えた。

2季目の戦い

レバンガ2季目はそんな状況で始まった。

家族思いのロイブルHCは家族4人による札幌での生活を望んだが、チームの資金不足のため契約継続ができなかった。ロイブルと親交のある米国人のスコット・ベリーが後任に決まった。

ゴール下を支えた巨漢のジャイ・ルイスは日立へ。セネガル出身でリバウンド数がリーグ5位となる1試合平均8・4本をマークしたジュフ磨々道が東芝へ、それぞれ移籍した。代わりに米国人で198センチのジョーバン・カトロン、関東実業団リーグの葵企業（東京）からガードの永田晃司が入った。200センチ以上の選手がチームに残留した206センチのキレットだけと、インサイドでの苦戦が予想された。

２０１２～１３シーズンは「ＪＢＬ」の名称で開かれる最後のシーズン。前季と同じく8チームが計42試合で順位を競った。

苦戦の懸念は現実となる。開幕5連敗の後に1勝したが、2勝目が遠かった。２０１３年2月には12連敗を喫し、レラカムイ北海道が1季目に記録したワースト11連敗の記録を、レバンガ北海道が更新してしまった。

結局、6勝36敗の断トツの最下位でシーズンを終えた。折茂は２０１３年3月2日、トップリーグ20季目にして通算8千得点を達成したが、この日の三菱電機戦も敗れている。

折茂の預金通帳の数字は減り続けた。主催した20試合の平均入場者数は１６７８人。チームは平均2千人で予算を組んでいた。スポンサー収入も7千万円あったが、目標の9千万円まで届かなかった。支出が収入をはるかに超えていた。

シーズン終了とともに、折茂の貯金が底をついた。

貯金に手を付けてから1年余りだった。当然である。選手がプレーで貯めたお金には限界がある。選手にも社員にも、もう給料が払えない。

黙々とシュート練習に励む
（2012年 6 月27日、札幌・クワザワ体育館）

頼みの綱

折茂は悲壮な決意で札幌市中心部にあるビルを訪れた。レバンガのメインスポンサーである正栄プロジェクト本社が入っていた。パチンコの「イーグルグループ」でお馴染みの会社だ。折茂は通された応接室である人を待っていた。ノックの後に入ってきたのは、正栄プロジェクトの美山正広社長だった。

「北海道にチームを残したいんです」

必死に経緯を説明した。スポンサー収入が目標額に届かないこと。社団法人の理事会を開いても、銀行融資の合意を得られないこと。そして運営資金が底をついたこと。運営母体を一般社団法人から株式会社に変える予定があり、正栄プロジェクトから運営資金を入れてほしいこと。ここが最後の頼みの綱であること。ただ、私財を投入していることは言わなかった。後日には伝えるのだが、この時は経営者の意地が勝ったのだろうか。

折茂の話を聞いた美山は「無謀だ。やっていけるわけがない」と思った。素人経営者のやり方でプロスポーツビジネスができるとは思えなかった。

美山は振り返る。「プレーヤーなら他のチームに行けばいい。それなのに、彼は経営者となって北海道にチームを残そうとしている。その気持ちは本物だと思った」

北海道に縁もゆかりもなかった折茂が孤軍奮闘しているが、その戦い方ではもう限界だ。美山は「これは応援せざるを得ないと思った」。そして言った。

「全面的にバックアップします」

美山は思った。レバンガ北海道のバックアップは、北海道にとって必ずプラスになる。レバンガには根強いファンがいる。経営さえまともにできれば、冬のエンターテインメントとして成り立つはずだ。正栄プロジェクトが掲げる地域貢献にもつながる。

折茂は目の前に急に道が開けた気がした。チームを残せる。それがうれしかった。「ありがとうございます！」。感謝を言葉にするのももどかしく、ひたすら頭を下げた。

折茂は打ち明ける。

「貯金が一銭もなくなり、僕がバンザイしたタイミングで美山社長のところに行った。もしあの日、美山社長がノーと言っていたら、このチームはなくなっていた。これがレバンガの真実なんです」

個人保証

美山はチームへの融資を約束した。そして折茂はその保証人となった。チームが借り入れを返せなければ、折茂には個人で返す義務が生じる。折茂は貯金を全て注ぎ込んだだけでなく、個人保証をしてまでクラブを残そうとしたのだった。「チームに対する貸し付けというより、僕に対してお金を貸してくれたと思っている」

なお、運営会社はその後も赤字が続いた。2016年春の時点で、借り入れの総額は3億円近くになっていた。折茂は決意を込めて言った。「僕が引退した時、チームにまだ借金があれば、それが何億であろうと僕の残りの人生をかけて必ず美山社長に返す。それが経営者としての約束だから」。チームを残すためなら、数億円の借金を背負っても構わなかった。

美山が折茂を支援したのには「パチンコ業界の異端児」とされる美山の生い立ちが関係している。

美山は広島県出身。幼少期、父親がパチンコ店を開くため、家族とともに広島から札幌に移り住んだ。パチンコ店の2階で育ったが、親は仕事に忙しく、遊んでもらった記憶はない。そして、周囲から差別的な目で見られているとも感じていた。友人の家に遊びに行くと、友人の親が「パチンコ屋の子と付き合うな」と引き離されたことが何度もあった。「俺なんか世の中から必要とされてない人間だ」と思うようになり、パチンコ店をやっている両親にも反発した。

17歳の時、家と社会に嫌気が差し、札幌市内の私立高校を自主退学して家を飛び出した。その後、ボウリング場のアルバイトやナイトクラブのボーイ、新聞配達などの職を転々とした。18歳でパチンコ機器メーカーに入社し、道内のパチンコ店を営業して回った。

「当時のパチンコ店は客を客とも思わない風潮があり、何かが違うと思った。自分ならパチンコ業界を変えられる」

思い切って、父親が経営する会社に入った。「従業員の子供が、自分の親の仕事を誇りに思えるように」と、笑顔での接客など経営改善に挑戦した。1992年に正栄プロジェクトを設立。1円パチンコなど業界の常識を覆す施策を次々と打ち出し、一時は売上高が2千億円を超えた。もちろん多くの失敗もした。

その経験から、自分ができる範囲内で仕事をしているうちは人は成長しないと悟った。

「人は自分の手の届く範囲内で成長したい生き物なんです。でも、手の届く範囲なんてたかが知れている。そこはすでに自分が知っている世界だから。人が成長するのは、手の届く範囲の外に飛び出した時だ。もちろん新しい世界に出るのは怖い。そこは真っ暗闇が広がっているから。でもその真っ暗闇の中に身を置くことでしか人間は成長できない」

美山にとって、その時の折茂は真っ暗闇のまっただ中にいた。選手だけをやっていれば、安泰の生活が待っていたはずだった。ところが北海道にチームを残したいからと、未経験の経営を始めた。無謀な挑戦の末、暗闇に沈もうとしていた。手を差し伸べないわけにはいかなかった。

美山の決断

美山はレラカムイ北海道の設立に資金を出していた。経営者仲間として付き合いのある男性が、レラカムイ創設者である女性社長の夫だった。経営者仲間とカンボジアに地雷除去のボランティアに行った際、後にレラカムイ創業者となる女性も同行した。そこでプロバスケットボールチームの構想を聞いた。

「室内でできるバスケットボールは北海道の冬季のエンターテインメントとしてふさわしい。ちゃんと経営すればビジネスにできる」。女性は言い切った。

具体的なビジネス構想も出た。チケットは基本的に企業に買ってもらう。VIP用の席をつくり、飲食のできる企業の接待の場として使えるようにする。チアダンスチームを育てて芸能界入りを目指し、試合のない時は各地のイベントに派遣する。バスケットボールとチアダンスを収益の両輪にする。

美山自身は「もともとバスケットボールを知らないし、興味もなかった」と言うが、付き合いのある経営者とその女性は結婚したばかり。美山はご祝儀としてプロバスケットボールチームに1千万円をポンと出資した。他の経営者仲間も出資し、レラカムイ北海道運営会社の株主となった。

美山が助力してレラカムイ北海道が生まれ、チームの戦いを見たファンの粘り強い声援が折茂を動かし、折茂の必死の行動に美山が心を動かされた。レバンガ北海道の背後には、折茂、ファン、美山の不離一体の関係がある。

最終戦を白星で飾り、仲間と喜び合う
（2014年4月27日、東京・大田区総合体育館）

バスケットボール

1970年5月14日、折茂家の次男として東京都北区に生まれた。2歳上には3月生まれの長男輝文がいた。その後に弟と妹が生まれ、折茂は4人きょうだいの2番目となる。母親の豊子が希望したのは「2人目は女の子」。そのため、折茂は女の子のようにかわいい服を着て育てられた。長く伸ばした髪は金色に染められ、くるくるパーマをかけられた。顔の造作もかわいらしく、小学校に上がるまで女の子に間違えられることもあった。

折茂が1歳か2歳のころ、会社員だった父親が独立。精肉店を開業するため、一家で埼玉県の蕨市に引っ越した。1階が精肉店、2階が住居の家で折茂はすくすくと育った。

かわいらしかった折茂は小学校に入るとやんちゃになり、母親の言うことを一切聞かなくなった。輝文は幼少時代の折茂を「落ち着きのないクソガキ」と表現する。

外に出れば、よくけがをして帰ってきた。時には頭から血を流して帰宅し、豊子をあわてさせた。折茂は父親の上着のポケットから小銭を盗んだり、洗濯かごに入っている小銭を取ったりしていた。大きな額ではなかったが、取ったお金で駄菓子を買ったり、当時流行していたアーケードゲームに興じた。

気の強い豊子はそんな折茂をひどく叱った。ところが、どれだけ怒っても折茂にとっては馬耳東風。豊子は言うことを聞かない折茂を縄で柱に縛りつけたこともあった。輝文は「うちの母親を怒らせたら天下一品だった」と笑う。

折茂は「4人兄弟のうちで一番かわいがられたのが、たぶん一番下の妹。僕が悪いことばかりしていたのもあるだろうけど、なにしろ母親に褒められたことがなかった。家族の中で僕が必要とされた記憶はないし、そう感じたこともなかった」と〝真ん中っ子〟の寂しさを語る。

意外な特技

折茂家は動物を多く飼っていた。玄関の外側には雑種の大型犬、裏庭には柴犬を飼育し、九官鳥もいた。

折茂も動物の世話が好きで、小学生の時には裏庭に自ら鳥小屋を建て、セキセイインコを飼育した。もらった1羽に、購入したもう1羽のつがいで飼い始めたところ、その2羽が子供を産み、その子供が孫を産みと、ねずみ算ならぬ「インコ算」式に増えていった。ついには300〜400羽のインコで鳥小屋内があふれかえった。数を減らすため店に売りに行ったが、それもほぼ焼け石に水のような状態で、なかなか減らなかった。インコを売ったお金と小遣いはすべて餌代に消えた。その後、大学に進学し、実家に戻る度になぜかインコの数が減っていった。「今思えば、母親がこっそりとインコを外に逃がしていたのかもしれないなあ」

社会人になり、トヨタ自動車時代は1匹数百万円する熱帯魚のアジアアロワナを、自宅に置いた幅2メートルの水槽で飼育した。「過背金龍といって、小さい時から金粉が背中に散らばっていた。あれはやばいくらい美しかった」。幼魚の時に購入し、自ら大きく育て上げた。当時の自宅には大きな水槽が合計4つもあり、水槽の水をきれいにする濾過装置だけで百万円かけた。熱帯魚のディスカスの繁殖も成功しており、「俺、なんでも殖やせるんです」と意外な特技を自慢する。

兄の後を追って

幼少期から兄・輝文のやることは何でも真似をした。輝文が小学5年で地元のソフトボールチームに入ると、折茂も1年後に同じチームに入った。輝文がスイミングスクールに入ると、折茂も後を追った。輝文は小学4年に小学校のミニバスケットボールクラブに入ったが、折茂はバスケットボールだけには興味を示さなかった。それよりもソフトボールやサッカーをする方が好きだった。

父親の商売は順調で、自宅1階の店舗を拡充するため、一家は1980年の春、同じ埼玉県の上尾市に引っ越した。輝文が中学に入学し、弟の三男が小学校に上がるタイミングだったが、折茂だけは小学3年から4年に上がる時の転校だった。真ん中っ子の悲哀だろうか。

兄の輝文は知り合いのいない中学生活が心細かった。スポーツ万能で優等生の輝文は部活選びをきっかけに友達を作ろうとした。ミニバスケットボールでは小学5年の時に全国大会を経験。ソフトボールもやっていたから野球部に入ってもよかった。水泳は小学6年ですでに1級をとっており、「正直、部活はなんでもよかった」。

当時の席順は男女別の五十音順。すぐ後ろの席は加藤だった。加藤が「俺、バスケ部に入る」と言ったため、輝文は「じゃあ俺も入る」と即答。「もし加藤が野球部に入っていれば僕は間違いなく野球部に入っていた」と振り返る。折茂が後にバスケットボールを始めるのは、輝文がやっていた影響が大きい。運命の神様が加藤を通じ、輝文と折茂をバスケットボールに導いたのだろうか。

中学の3年間バスケットボールに打ち込んだ兄の輝文。中学3年の夏にバスケットボール部を引退すると、中学のバスケ部顧問に「埼玉栄高校のバスケットボール部の練習に参加してみるか」と誘われた。それが縁で、翌年春、輝文は埼玉栄高に入学することになる。

高校の練習は、中学と比較にならないほど厳しかった。走る量が半端ではなかった。バスケットボール部の同期は50人ほどいたが、練習のあまりの厳しさに夏を前に退部者が続出した。そして全国高校総体（インターハイ）に向けた地獄の夏合宿が始まった。体育館の床に布団を敷いて1カ月間寝泊まりし、毎日走り回った。さすがの輝文も根を上げた。

脱走失敗

「こんなきついことやってられない。バスケ部も学校も、全部やめてやる」。夜、体育館に敷かれた布団をそっと抜け出し、こっそりと帰宅した。

翌朝、すっきりした気持ちで、寝室のある2階から1階に降りると、そこに監督とコーチが待っていた。驚いて何も言えない輝文に、2人は「この部を背負う選手になるから戻ってこい」と説得された。夜に逃げ出した部員は他にもいたが、家にまで説得に来たのは「おそらく僕だけではないか」。説得は約1時間にも及び、輝文は泣きながら「僕、戻ります」と言った。

部内はレベル別にA〜Eの5チームに分かれ、各チームに20人ほどいた。身長188センチで入部した輝文は入部当初は下から2番目のDチーム。中学で全国大会を経験した選手が多い中、実績のない輝文の実力は下から数えた方が早かった。ところが、夏合宿の間にCチーム、Bチームと上がり、合宿を終える頃にはAチーム入りしていた。その頃には1年生が40人ほどになっていた。

埼玉栄高はその夏のインターハイに出場。1年生2人がベンチ入りする一方で、輝文はベンチメンバーから外れた。インターハイの期間中、学校に残る部員は夏休みとなる。輝文は何をして遊ぼうかとワクワクしていたところ、監督に命じられたのはインターハイの雑用係。「マジかよ」と毒づいたのだが、それは期待の裏返しだった。ベンチ入りした2人の1年生に続き、見どころのある1年生3人が雑用係となったのだ。インターハイの雰囲気をいち早く感じてほしいからだ。

「期待されて雑用係になったことでバスケ部を続けてもいいかなと思うようになった」。その後、輝文は2年生でベンチ入りし、3年生でスモールフォワードのレギュラーになった。夜逃げした時に顧問とコーチが言った言葉は本当だった。

サッカー部を落選

輝文が高校に入学したのと同時に、折茂は上尾市立上平中に進学した。丸刈り頭が嫌だった折茂は野球部を避け、サッカー部を希望した。ところが当時のサッカー部は大人気で希望者が殺到。折茂は入部の抽選に外れてしまった。部活に迷っていたところ、兄の輝文を指導したバスケットボール部の顧問に半ば強引に勧誘された。1983年春、折茂はバスケットボールに出会った。

中学入学時に153センチだった身長は、卒業時には186センチにまで成長した。輝文と違って真面目に部活をすることはなく、学校内の不良グループともよくつるんだ。「バスケットボール部とヤンキーグループ、どっちつかずの立ち位置だった」と振り返る。学校の成績ははっきり言って良くなかった。悪い成績がネックとなり、母親と兄の輝文は折茂の進学先を本気で悩んだ。「この子はどこの高校なら入れるだろうか」

折茂自身はバスケットボール部がそれほど強くない浦和学院高への進学を考えていた。ところが願書提出の3日前、「この高校ではないのでは」と妙な胸騒ぎを覚えた。そこで輝文が通った埼玉栄高に願書を出すことにした。「どうして埼玉栄にしたのか、今でもよく分からない」と自分でも不思議がる。

結果的に、高校進学も輝文の後を追った。輝文と同様に、折茂もバスケットボール部で徹底的にしごかれた。「僕がいた頃の埼玉栄はやばかった。毎日ボコボコです。全国的にそういう風潮があった時代だけど、たぶん埼玉栄が全国でも一番厳しかったと思う」

高校に入ると非凡な能力を発揮したが、それはバスケットボールではなかった。学校の10キロマラソン大会では3年間、1位をキープした。陸上部こそ出場していないものの、マンモス校の全生徒のトップだからすさまじい。体育祭の1500メートルでは1年生の時、先導役を務めた陸上部員を抜いて1位でゴールし、陸上部に誘われるほどだった。

走って走って、また走って

バスケットボール部ではひたすら走らされた。ウオーミングアップのランニングに1時間を費やし、さらにボールをパスしながらコートの端から端までダッシュする「スリーメン」「ファイブメン」と呼ばれる練習を繰り返した。当時は練習中に水を飲むことをよしとしない時代。夏合宿では暑さへの耐性をつけるため体育館のカーテンを閉め切った中で練習し、「みんなバタバタと倒れていった」。5分間の休憩になると部員は競うように水を飲んだ。「今度は水を飲みすぎて、練習再開後にみんな吐いて倒れていった」とつらい時代を語る。

折茂がターニングポイントに挙げるのは高校2年の時。日体大出身のコーチが来てからだ。いつも「お前はバカか」と怒られた後、「ちゃんと考えて動け」と言われるのだった。「僕には技術もなければ、才能もない。どうしたら駆け引きで相手に勝てるのか考えるようになったのはこの時から」。ボールを持っていない時にどうすればフリーになってパスをもらえるのか。持久力だけに頼るプレーから、コートの中で頭を使った動きを模索し始めた。

高校2年のインターハイのバスケットボールは札幌市で開かれ、札幌の奥座敷と言われ

チームメートに指示を出す
(2014年4月27日、東京・大田区総合体育館)

る定山渓温泉のホテルに泊まった。折茂たちは「広い風呂が多すぎ」とテンションが上がり、浴場内で鬼ごっこに興じた。するとセンターの選手が滑って転倒し、脚をざっくり切ってしまった。「先生にばれたら大ごとだ」と、センターの選手は包帯で傷口をぐるぐる巻きにして試合に臨んだ。試合ではセンターの選手が本調子でなく、初戦であっけなく敗退した。

高校3年に神戸市であったインターハイで埼玉栄高はベスト8入りし、折茂は得点王に輝いた。この時に優勝したのが佐古賢一や東野智弥がいた福井県の北陸高だ。その後、折茂は埼玉栄高では初めての高校日本代表に選ばれ、そこで佐古と仲良くなるのだった。

兄の輝文が後年、驚いたことがある。折茂がトヨタ自動車時代に載ったバスケットボール雑誌を見た時だ。折茂はボールを打つ右手の人さし指、中指、薬指の爪を伸ばしており、ボールが指先から離れる際、爪がボールを擦る音をシュートタッチのバロメーターにしていると答えていた。

輝文も同じだった。埼玉栄高2年の時、たまたま爪を切り忘れたまま臨んだ試合で、ボールがいとも簡単にリングに吸い込まれた。爪が「カシャッ」と音を立ててボールをこすった時、リングまで理想的な軌道を描いた。「これだ」。それ以来、進学した東洋大でも輝文は右手の3本の指の爪を伸ばしたまま試合に出続けた。爪の秘密を弟の折茂に話したことはない。雑誌に掲載された折茂のインタビューを読んだ時、輝文は鳥肌が立った。「兄弟ってここまで似るものなのか」

ただ、学校の成績と性格は全く違った。穏やかで静かな父親に似た優等生の輝文と、母親の気の強さを受け継ぎ、学校の成績が極端に悪い折茂。その2人が同じように爪を伸ばしてプレーしていたのは、やはり遺伝子だろうか。

盟友

兄の輝文以上に、折茂の人生に深く影響を与えた人物がいる。佐古賢一だ。日本代表では世界を相手に一緒に戦い、トップリーグではライバルチーム同志で覇を争った。

出会いは高校2年の年末にさかのぼる。

全国の高校2年生から有望な選手を40人ほど集めた合宿が都内であった。今で言うとU－17の日本代表候補合宿だ。福井県の北陸高に通う佐古賢一はすでに全国で名前が知られ始めていた。

合宿では、折茂の同室に静岡・興誠高の後藤正規がいた。後にトップリーグで折茂のライバルとなる後藤は高校生の時からストイックで、早く就寝するのが常だった。一方の折茂は夜が遅く、しかも寂しがり屋だ。後藤が寝てしまうと折茂は遊び仲間を探すために部屋を出た。

選手が集まるにぎやかな部屋を発見し、中に入った。その中心にいたのが佐古だった。最初に声を掛けたのは折茂だ。「あ、有名人だ」と佐古に向かってにこりとする折茂。佐古の傍にすっと寄っていって肩をツンツンとつつき、「今度、俺とスリーポイント勝負しようよ」と誘った。当時から人なつこい性格だったようだ。

折茂から見た佐古の第一印象は「俺と同じでワルそうなニオイがする」と、自分に似た雰囲気を感じ取っていた。ところが、佐古による折茂の第一印象は「ひょろひょろとして、ちょっとおネエっぽい奴」。細身の折茂を「すごい奴」とは思わなかったようだ。

折茂と佐古はともに高校3年夏のインターハイに出場した。折茂と佐古は対戦こそなかったが、佐古は得点王に輝いた折茂の名前を見て思い出した。「あ、あいつだ。実はすごい奴だったんだ」と新鮮な驚きを持った。

同部屋

2人が急接近したのは、インターハイの後。18歳以下の選手を集めた都内での国内強化合宿とフィリピン遠征だ。

バスケットボールの神様は2人を強引に引き合わせた。背番号順に2人ずつ割り振られた部屋で、折茂と佐古は同室となったのだ。佐古は「たしか折茂が6番で僕が7番だったかな」。高校生らしく、バスケットボールや家族構成、互いの彼女の話などをして盛り上がった。自由時間も話し込み、急速に仲を深めていった。

その後のフィリピン遠征は過酷だった。時は1988年。今でこそ日本人にとって海外旅行は身近になったが、当時は日本のほとんどの高校生にとって外国は未知の世界だ。フィリピンの水が合わなかったのか、食べ物が合わなかったのか、遠征に行った選手たちは次々と腹を壊した。チーム内では「歯磨きをする時もペットボトルの水を使うように」との指示があり、選手たちは忠実に守っていたが、それでも体調を崩す選手が続出した。

佐古は「おそらく、現地で缶ジュースを飲んだ時に、飲み口の回りに付着していたほこりか何かがおなかに入り、やられていったんじゃないかな」と分析する。

海外初体験の折茂も倒れた。日本語の通じない場所でバスケットボールの試合をする心労に加え、慣れない料理を胃が受け付けなかったのだろう。一方、佐古は北陸高の合宿で韓国などを経験していたためか、健康そのものだった。

佐古はいたずらっ子のような目で話す。「折茂はただでさえ体重が60キロくらいしかなかったのに、合宿から帰る時は宇宙人みたいにげっそりしていた。成田空港に折茂の親が迎えに来ていて、真っ青な顔をしたまま帰宅していったのを覚えている。それくらいキョジャッキー（虚弱体質）なところがあった」。そう話す佐古の目は輝きを増していた。

フィリピン遠征を機に2人は親友となった。福井県に「バスケ留学」していた佐古の実家は横浜にあった。埼玉に実家がある折茂は佐古の家に行き、佐古も折茂の家に来た。時には泊まることもあった。「折茂のお父さんもお母さんも僕をかわいがってくれた」と佐古。互いの友人を紹介し合うなど、まるで幼なじみのようになっていった。大学に入っても実家の行き来は続いた。

2人は「一緒にバスケットボールがしたい」と思うようになり、同じ大学への進学を目指した。ところが、運命のいたずらが2人の思いを裂いた。

日大に行きません

当時の大学バスケットボール界は、日本大と日本体育大の2強体制。ところが日大が一時的に低迷期に入っており、佐古は北陸高の監督から「日大を強くしてこい」と言われていた。伝統校の日大に憧れていた佐古は素直に「分かりました」と承諾した。

日大に進学する予定だった折茂は佐古の日大進学を人づてに聞き、「あいつと一緒にバスケができる」と喜んだ。

ある夜のことだ。佐古にとって、どうしても許せない出来事が起きた。佐古自身はもちろん悪くない。北陸高も日大も関係ないところでそれは起きた。そして佐古は高校の監督に言った。「僕、絶対に日大に行きません」。監督は「日大はお前が欲しいと言っているんだ」と必死に説得したが、佐古の決心は揺るがなかった。

佐古は進学先未定のまま、高校の残る日々を過ごした。北陸高をインターハイ優勝に導いた高校ナンバーワン選手は、将来が宙ぶらりんになってしまった。ある日、佐古は北陸高の監督に伝えた。「大学には行きません。バスケットもやめます」。慌てた監督が進学先を探し始めた時、たまたま中央大の監督が北陸高を訪れていた。北陸高から中大のバスケ部に進むルートはなかったが、この偶然により佐古の進む大学が決まった。折茂と佐古は別々の大学に進学することになった。

互いの寮を行き来

中大の寮は、横長の形をしている東京都のほぼ中央、日野市にある。寮の目の前に小山があり、小山の裏側にはライオンバスで知られる日本有数の広さを誇る多摩動物公園がある。動物園の周囲には野生タヌキがすむことでも知られており、日野市は都内でも田舎に属するマチだった。寮のあるところは繁華街と無縁。周りには畑と水田が広がっており、夏の夜にはカエルの大合唱が寮の中にまで響いた。佐古はこの寮を拠点に、4年間を過ごすことになる。

一方、折茂が通う日大の寮は、芸能人が家を建てることでも知られる世田谷区内にあった。最寄り駅の「下高井戸駅」と、中大の寮がある「南平駅」とは、東京を東西に走る京王線でつながっていた。

入学したばかりの頃は互いに先輩の世話などで忙しく交流する時間がなかなか取れなかったが、学年が上がるにつれ2人は再び遊ぶ時間が増えた。折茂はよく中大の寮に出掛けた。周りには遊ぶところがなく、2人が過ごすのは部屋の中か、パチンコ店。「こっち来んなよ。面白くねえから」。そう話す佐古の言葉を聞いてか聞かずか、折茂は頻繁に出掛けた。佐古が日大寮に来ることもあった。2人は何をするでもなく、「部屋の中でずっとしゃべっていた」。

上級生になると、互いの寮に泊まることもあった。日大寮のゲストルームには佐古専用の布団が置かれるほど頻繁に2人は会った。

「佐古さんが来ている」。佐古は大学でもスター選手で、日大の下級生は寮を訪れる佐古を憧れのまなざし見ていた。

佐古に何点取られても

折茂は「当時の中大は佐古のワンマンチーム。佐古にどんなに点を取られても仕方ない。だって止められないから。他の選手さえ抑えればよかった」。佐古が4年生の時、中大バスケットボール部には佐古の2人の弟も在籍した。口の悪い人の中には、当時の中大を「佐古大学」とやゆする人もいた。それでも日大と日体大の2強にはかなわず、中大は万年3位のポジションから抜け出せなかった。

大学時代には折茂、佐古と女性2人によるダブルデートもした。

社会人入りした後の話だが、当時の日本代表合宿は最終日の夜に必ず打ち上げがあった。バブル経済の名残があった時代で、選手数を上回る女性が参加することもあった。折茂は「2人とも女性にそれほど積極的な方ではなかった」というが、チームの和を乱さないようできるだけ参加した。

1次会が終わるころ、折茂と佐古は「せーの」と言い合って小さく指を差した。好みの女性が重なった時は「よし、帰るか」。２次会には参加せず、ゲームセンターやパチンコ店に向かうのだった。バスケットボール以外の余計な争いを２人の間に持ち込みたくなかった。

同じ実業団に行こう

大学卒業を控え、実業団チームを選ぶ時期がやってきた。「これが最後のチャンス。ここで同じチームに入らなかったら、一緒にプレーすることはもうない」。折茂と佐古は、同じチームに入ろうと誓った。友人同士の友情といえばそれまでだが、２人はそれ以上のものを相手に感じていた。

「２人一緒なら日本のバスケットボールを変えられる」。折茂は佐古と組んだ時の明確なイメージがあった。攻撃を組み立てるのはいつも司令塔の佐古だ。佐古がチームメートの動きをデザインし、折茂がフェイントでマークマンとのズレをつくる。佐古から供給されたパスを受け取った折茂がボールを放ち、いとも簡単にリングを射抜く。埋め尽くされた会場が総立ちになり、翌日のスポーツ紙の一面を折茂と佐古の写真がでかでかと飾る。

折茂に佐古は言った。「お前に20点、30点取らせるのは簡単だよ。得点が欲しかったら、俺がいくらでも点数を取らせてあげるよ」。２人が同じチームでトップリーグに旋風を起こす日は近かった。

ところが大学と実業団チームの間に存在するしがらみに２人は翻弄された。

当時のバスケットボール界にあった「ルート」と呼ばれるものだ。過去に先輩が入団したり、監督同士が仲良しだったりしてルートができるのだった。逆に言うとルートがなければ、その実業団チームに入ることができなかった。

折茂が大学から勧められたのは日本リーグ所属のトヨタ自動車ペイサーズ、ではなかった。リーグ優勝の経験もある伝統の日本鉱業（ジャパンエナジー）だ。

それを聞いた中大の佐古は当然、日本鉱業入りを目指した。ところが大学バスケ部から「中大から進むルートがない」と言われた。折茂は日本鉱業に「佐古を入れてくれ」と掛け合ったが、必死の交渉もむなしく、会社が首を縦に振ることはなかった。

一方の佐古は松下電器への就職を勧められた。事実の検証は他に譲るが、大学のバスケットボール部関係者からこう言われた。

「松下からはこの部に金銭的な支援をしてもらっている。親には相談したのか。お前が松下に行かないのなら、無駄になった金を親が補填できるのか、聞いてみろ」と言われた。

続く言葉が追い打ちをかけた。「もし松下に行かないのなら、このチームをやめてもらう」

退部、そして…

佐古は大学3年の時から日本代表に選ばれ、4年次は主将を務めていたが、決断は早かった。秋の関東大学リーグまっただ中の11月ごろ、退部届けを出した。

そして決意した。「もうバスケットボールをやめる」。大人の事情で、やりたいところでバスケットボールができないことに納得できなかった。旧態依然とした暗黙のルールに支配される日本バスケットボール界に、もう嫌気が差した。高校時代から4年を経て、佐古は再び宙ぶらりんの身となった。

そんな佐古に声を掛けたのがいすゞ自動車リンクス（後にいすゞ自動車ギガキャッツ）だった。かつてのリーグ優勝チームも、当時は下位に低迷していた。

「俺もいすゞに行くよ」。折茂は今度は自分が動こうとした。いすゞ自動車入りを大学バスケ部に相談したところ、今度は折茂が窮地に立たされた。「いすゞに行くくらいなら、今すぐ退部しろ。お前みたいのはいらん」と猛烈に怒られた。折茂も日大の主将だ。インカレが始まる直前で、折茂は悩みに悩んだ末、いすゞ入りを断念した。失意の中、インカレ優勝の責務を果たし、MVPにも輝いた。そして、折茂が選んだのが、当時はまだ弱かったトヨタ自動車だった。

「お互い弱いチーム同士だけど、日本代表では一緒にやろうぜ」。別々の道を歩み始める時、2人は堅く誓い合った。

折茂は講演会でトヨタ自動車を選んだ時のことをこう話す。「当時最も弱いチームをあえて選んだ。弱いチームに行けば試合の出場時間が増え、経験を積んでうまくなれる。そうすれば日本代表に選ばれる確率が高くなると思った」

折茂にその気持ちがあったのはもちろん事実だ。ただ、その言葉の背景には、親友と一緒にプレーしようと必死にもがいた末、別々の道を歩まざるを得なかった悔しさもまた込められている。

ボイコット事件

佐古が大学時代から日本代表入りしていた一方で、折茂は大学の時から日本代表候補に選ばれながら、12人の正メンバーに入るのはトヨタ自動車入りした後になる。

折茂が日大にいた時、日本代表監督だった清水良規は「折茂のシュートはすでに天下一品だった」と話す。ではなぜ、日本代表に選ばれなかったのか。清水は「僕は折茂を日本代表に入れたかった。ところが、そこに大人の事情が入った」と明かす。

清水によると、日本バスケットボール協会内は大学の派閥が幅をきかしていた。協会の幹部同士が「うちの大学出身者を何人、日本代表に入れたか」を競い合う時代だった。当時最も力があったのは、折茂が出た日大ではなかった。結果的に、別の大学を出た選手が日本代表に選ばれ、折茂がはじき出された。清水は日本代表監督といえど、12人の日本代表全員を選ぶ権限はなかった。清水は「俺の人生で悔いが残ったことの一つ」と話す。

後年、清水は「日本代表に入れられなくて申し訳なかった」と折茂に謝罪した。折茂は事情を知っていたのだろう。清水に文句一つ言うことなく、さらりと受け流した。

ロスで2人ぼっち

日本代表での折茂と佐古のエピソードにはことかかない。

合宿で先輩のユニホームを洗濯するのは若い選手の役割だった。米国ロサンゼルスへ遠征に行った時、練習初日か2日目のことだ。午前の練習が終わり、午後はオフだったため、折茂と佐古はマネジャーの運転するレンタカーに乗り込んだ。コインランドリーで全員のユニホームを洗濯するためだ。

洗濯を終えて約束の時間になったが、マネジャーは迎えに来ない。2人は小銭を握りしめ、近くのアイスクリーム屋とコインランドリーを往復して時間をつぶした。日が暮れ始め、次第に心細くなった。小銭も使い果たしてしまった。ホテル名は覚えていない。そもそも2人は英語を話せない。初めて来た米国のダウンタウン。ロサンゼルスでは銃を使った凶悪事件が頻発しているうわさも耳にしている。「街をうろついたら危ない」と、ジャージー姿の2人はコインランドリーでじっとした。何時間も同じ場所にいる東洋人の若者を、外を歩く人たちがジロリと見ながら通り過ぎた。もしギャングがいたら格好の餌食だろう。「このまま襲われて俺たち死ぬんじゃないか」と２人で縮み上がった。

結局、マネジャーが迎えに来たのは、約束の時間を５、６時間も過ぎてからだった。「悪い、悪い。忘れてた」の一言で片付けられた。おそらく、夕食に２人が現れないことで、マネジャーが思い出したのだろう。ホテルに帰った後、たった２人で夕食を取った。

１９９４年広島アジア大会。５人部屋の中に「俺はバスケットボール界のカズ（三浦知良）だ」とワンマンぶりを発揮する選手がいたため、折茂と佐古は反発した。一緒にいたくないからと２人は毎晩、宿舎をタクシーで抜け出し、運賃にして５千円ほど離れた広島市内中心部に出掛けた。ゲームセンターで釣りゲームに興じた後、閉店後の広島パルコの前に座り、缶コーヒー片手に語り明かすのだった。

「こんなことしている場合じゃない。日本のバスケットを変えないといけないよな」。脂が乗り始めた24歳の２人は、街灯の下で「俺たちで新しい時代をつくろうぜ」と話し合った。他のメンバーが寝静まった午前０時ごろ、２人は再びタクシーで５千円を支払って宿舎に戻るのだった。

缶コーヒーは２人に欠かせなかった。もともとは佐古の習慣だ。練習後、佐古は甘い缶コーヒーをすすりながら「折茂さあ、やっぱ一服には缶コーヒーがねえとダメだろ」と言った。コーヒーが飲めなかった折茂は「ありえねえ」と拒否していたが、次第に甘い缶コーヒーのとりこになった。折茂はいまも缶コーヒーが手放せない。「俺を缶コーヒー地獄に落としたのは佐古」と言い張っている。

傷だらけの快進撃

折茂は日本代表への思いが強い。だから納得いかないことには猛反発もした。今もバスケットボール界で語り継がれる「ボイコット事件」がそれだ。2人は1998年の世界選手権に向けた日本代表合宿の最中に、合宿をボイコットして逃亡した。今では2人の思いと違う文脈で語られ、「合宿から2人が逃げた」とだけ伝えられていることがある。ここに2人の真意を記す。

話は、ボイコット事件の1年前にさかのぼる。97年9月、世界選手権の予選を兼ねたアジア選手権がサウジアラビアであった。ところが大会直前、3人の日本代表選手が次々と遠征を辞退したのだった。折茂は辞退した選手について「どうせ世界選手権に出られないんだから、日本でゆっくりした方がいいという選手たちだった」と話す。今でもその経緯を話すと口調に怒りがこもる。辞退した選手の中には「僕はハワイで遊んできます」と〝宣言〟した選手もいた。

他の選手にオファーを出しても、リーグ戦の開幕を控えていただけに所属チームがなかなか選手を出してくれなかった。９人で戦おうとも考えたが、それでは連戦で体が持たない。そこで、折茂がいるトヨタ自動車や佐古が所属するいすゞ自動車に頼み込み、なんとか12人を揃えた。

ベストメンバーを組めなかったチームは満身創痍で戦った。佐古は２次予選で左肩を脱臼。テーピングで左肩をガチガチに固め、腕が上がらない状態で試合に出続けた。コートに立つ５人を、主に７、８人の主力で回す厳しいローテーションでやりくりした。得点源の折茂はほぼ出ずっぱりだった。「けががあっても何があっても、もうやるしかない状態だった」と佐古は言う。

アジアで長く劣勢を強いられてきた日本だったが、折茂らの気迫が勝ったのか快進撃を続けた。準決勝で地元のサウジアラビアに快勝し、31年ぶりとなる世界選手権切符をもぎとった。この試合、折茂はチーム最多の26得点を挙げた。

決勝で対戦したのは韓国。予選で当たった時、日本は20点差以上の差を付けて圧勝して

マッチアップする佐古と折茂
(2007年12月 9 日、札幌月寒アルファコートドーム)

いる。ところが決勝の終盤に審判の笛がガラリと変わり、試合の流れが韓国優位となった。日本はそれまで保ち続けた10点以上のリードを吐き出し、ついに韓国に追い付かれた。

お前のせいじゃない

第４Ｑの最後までもつれる接戦。日本が２点を追う試合終了間際、佐古からパスを受けた折茂はワンドリブルを入れて相手をかわし、同点シュートを決めた。さらに相手の腕が当たり、ファウルの宣告。バスケットカウントで、フリースローを入れれば勝ち越しだ。ところが審判が主張したのは「シュート態勢に入る前のファウル」として、折茂のゴールが無効になった。２点ビハインドからの折茂の２本のフリースローに変わった。

試合終了まで残り数秒。怒りに燃えた折茂は心を乱したのかフリースローの１投目を外してしまう。残る１本のフリースローを入れても１点しか入らず、相手ボールでのプレー再開のため日本の負けがほぼ決まる。

「最後の１本はマイケル側に落とせ」。佐古が折茂にささやいた。フリースローをわざと外し、高橋マイケルがそのボールを拾ってゴールすれば、同点で延長戦に持ち込める。

折茂は針の穴を通すようなコントロールで、リングに当てたボールを高橋の頭上に落とした。高橋が両手を伸ばし、リバウンドに成功。すべてが計算通りだった。ところがここで再び審判の笛が鳴った。

高橋の動き出しが早すぎるとして、折茂のフリースローがやり直しとなったのだ。

折茂は再び高橋の頭上にボールを落としたが、今後は韓国に動きを完全に読まれた。ボールを外にはじかれ、試合終了。隔年開催のアジア選手権で日本はアジア王者となる貴重なチャンスを逃した。この時を最後に、2020年現在、日本は決勝にすら進んでいない。

試合後、折茂は自室にこもり、敗戦の責任を背負い込んだ。そんな折茂に佐古は声を掛けた。「お前のせいじゃない。そういうシチュエーションにしてしまった俺が悪い。結果的にお前があそこでフリースローを打つことになっただけで、俺のゲームメイクが悪かった」。ただのなぐさめの言葉ではない。佐古の本音だった。

折茂は振り返る。「そこまでの責任を背負って試合に臨む司令塔は、ケン以外に会ったことがない。技術的にケンよりすごいポイントガードは出てくると思うが、あのような責任感を持ってプレーするポイントガードは今後も出てこないと思う」

冗談じゃねえ

優勝こそ逃したものの、傷だらけになりながら手にした31年ぶりの世界選手権切符。選手たちは誇らしげに帰国した。「本当によくやった。このメンバーが切符を取ったのだから、本番もこのメンバーでいこう」。世界選手権は１９９８年にギリシャの首都アテネで開かれる。激戦を終えた選手、スタッフ、協会関係者の全員が堅く約束した。

ところが。

世界選手権を前にした日本代表候補の中に、予選を辞退した３人が戻ってきた。あの「ハワイ男」もいる。３人は日本代表の12人に選ばれ、大会前に全国を行脚した世界選手権直前の国際試合でも主力として使われた。

日本代表合宿が広島に入った時、ついに折茂がぶち切れた。「冗談じゃねえよ。あの約束は何だったんだ！　メンバーがいなくなった時に助けてくれた仲間たちは、代表候補合宿にも呼んでないじゃないか。失礼にもほどがある」

折茂は佐古に怒りをぶつけた。自分勝手な理由で予選を辞退したメンバーと一緒にいること自体、腹の虫が収まらなかった。

「優柔不断」を自認する折茂だが、この時は違った。「俺たちは協会に約束を守らせないといけない。俺は世界選手権に出ない。いま帰らないと後悔するぞ。ケンはどうするんだ」。抗議のボイコットを佐古に提案した。

性格は真逆という2人。2人でいる時、普段リーダーシップを発揮するのは佐古だ。佐古は少年時代から主将を務め続ける典型的なリーダータイプだ。ところが、この時は折茂が強い口調で佐古を引っ張った。立場が完全に逆転していた。

日本代表監督は、佐古が所属するいすゞ自動車の監督でもある小浜元孝。コワモテの指揮官だ。「俺、ここから帰ったらいすゞもクビだよ」と佐古が言えば、「俺が責任持ってトヨタ自動車に入れてやる」と折茂。ちゅうちょする佐古の背中を折茂が積極的に押した。

日本代表解散?

作戦決行は夜中だ。2人は広島県内の宿舎を午前2時ごろにこっそりと抜け出した。車で迎えに来たのは広島に住む佐古の知り合いだ。知り合いの家にしばらく滞在した後、新幹線の始発に乗り込んだ。広島駅を使うと、もぬけの殻になった部屋に気付いたスタッフに駅で見つかる可能性がある。そのため新尾道駅から乗り込んだ。

「こういう時はグリーン車に乗るんだよ」と折茂。「まじ?」と佐古。2人は生まれて初めてグリーン車に乗り、東京に向かった。

佐古は新横浜駅で折茂よりも先に新幹線を降り、横浜駅からタクシーに乗った。家が近づいたところで携帯電話が鳴った。知らない番号だったため、反射的に出てしまったのが運の尽きだった。電話を掛けてきたのは日本代表のマネジャーだった。

「何やっているんだ！　今どこにいる」

「…もうすぐ家に着きます」

「今すぐ帰ってこい！」

この時の佐古は完全に開き直っていた。年上のマネジャーに対し「なんでお前の言うことを聞かなきゃいけないんだよ。その命令口調は何なんだ！」とワルの片鱗を見せて反発した。

しかし、敵もさるもの。次に発した言葉は、いきがる佐古を、完全に上から見下ろしていた。冷静な口調で「お前、自分のしたことが分かっているのか」と言い、電話口の人間が替わった。小浜監督だった。

「何も言わなくていいから帰ってこい。お前が帰ってこなかったら今夜の試合もやめる。そして日本代表は解散する。日本は世界選手権を辞退する」

佐古の完敗だった。家の手前でタクシーをＵターンさせ、駅に戻った。

主犯の折茂は東京駅で降りた。携帯電話の電源を切り、自宅で２日間ほど悠々と過ごした。「もう大丈夫だろう」と電源を入れると、トヨタ自動車バスケットボール部の部長から電話がかかってきた。「お前、大丈夫か」。折茂は経緯を説明し、日本代表を辞退する旨を伝えた。

続いて電話を掛けてきたのは日本代表のマネジャーだった。その言葉に折茂は打ちのめされた。

「佐古は戻っているぞ」

折茂は目を丸くした。動揺を見透かされたのか、マネジャーが追い打ちを掛けてきた。「お前が戻らなければ世界選手権は行かずに、チームを解散する」

世界選手権を目標にやってきた先輩もいる。サウジアラビアの苦闘をともにした仲間もいる。「これはまずい」と、折茂は折れた。佐古と同様、折茂も白旗を揚げた。

折茂は憂鬱な気持ちで広島に戻った。佐古の顔を見て、最初に言った言葉は「お前、裏切んなよ」だった。

「しょうがなかったんだよ」と佐古。

「じゃあ、折茂はなんで帰ってきたんだよ」

「ケンが帰ってきたから、俺も戻ったんだ」

「関係ねえじゃん」

しばらく言い合った後、佐古が言った。「話をしに帰ってきたんだろ。いいよ。2人で話をしに行こうぜ」。主導権は佐古に戻っていた。

2人で小浜監督の部屋をノックした。小浜は「お前が佐古をそそのかしたのか!」と怒り心頭だった。折茂と佐古は、日本代表メンバーの選出法について納得のいかない気持ちを伝えた。

小浜の言い分は「現在のベストメンバーで臨む」。2人の訴えはあっけなく退けられた。抗議の意味を込めたボイコットは失敗に終わった。代表メンバーの入れ替えもなかった。逃亡当日に合宿に戻った佐古は世界選手権で主力を務め、数日間、音信不通だった折茂は干され、試合の出場時間は短かかった。2人の必死の行動も「合宿から逃亡した」というエピソードだけが、脈々と受け継がれることになった。

折茂VS佐古

佐古の人柄を表す逸話がある。トヨタ自動車が悲願の初優勝を果たした2002年のことだ。

「その1年前からのストーリーがあるんです」と折茂。2001年の日本リーグ決勝は折茂のいるトヨタ自動車と、佐古の所属するいすゞ自動車が対戦した。初優勝を目指したトヨタ自動車は1勝1敗。優勝を懸けた第3戦は、佐古の活躍で「ありえない試合」として、後年に語られる試合となった。

トヨタ自動車アルバルクは第4Qの残り2分を切り、5点をリードしていた。初優勝はもう目の前だ。それでも金髪に染めた折茂は「ケンは誰を使ってくるんだ」と気が気でなかった。

残り1分30秒。ここで佐古は勝負に出た。使ったのは大和證券から加入1季目の控えのシューター宮ノ腰達也だ。佐古は「どんな状況になってもスリーを打て」と指示した。宮ノ腰はスクリーンプレーでマークしていた折茂を引き離し、3点シュートを決めた。

「折茂がちょっと驚いた表情をしていた。これはもう1回できるかもしれないと思った」と佐古。土壇場で2点差に詰められ、動揺したのは折茂だけではなかった。トヨタのガード陣が浮き足だった瞬間を、佐古は見逃さなかった。

残り1分10秒。タイムアウトの時、佐古は宮ノ腰に「必ずいいタイミングでパスを出す」と言い、メンバーにはシーズン中に使うことがなかったフォーメーションを指示した。プレー再開。宮ノ腰が味方の外国人選手をスクリーナーに使い、反時計回りで3ポイントラインの外側に抜け出した。

折茂は振り返る。「相手はスクリーンを2枚くらい使って、僕はそこにバシャバシャと掛かってしまった」。慌てた折茂は外国人スクリーナーを挟んで時計回りに宮ノ腰を追い掛けたが、時すでに遅し。佐古から宮ノ腰にパスが渡り、逆転の3点シュートを決められた。いすゞ自動車が2季ぶり6度目の優勝を決めた。

佐古は「最後は僕と宮ノ腰以外の3人が全員スクリーンにいき、宮ノ腰がスリーポイントを打つだけのフォーメーション。最後の2つのプレーはちょっと神がかっていたな」と語る。そして言った。「人生の中でもベストに近いプレーだった」

家族を祝福したのは

トヨタ自動車はほぼ手中にしていた初優勝が手からするりと抜けていった。折茂にとっては最悪の結末だった。「スリーを連続で決めたのは僕がマッチアップしていた相手。ショックが大きすぎて、寝ようとすると最後の2つのプレーが頭に思い浮かび、悔しさで目が覚めた」

折茂は優勝を目前で逃した無念さを忘れられず、珍しくオフシーズン返上でトレーニングに励んだ。シーズン開幕戦を迎えた時には「いままでにないような体になっていた」。慣れないことをしたためか、開幕前に足首を捻挫。リーグ戦に出たのは開幕から約1カ月ほど後になったのだが…。

このシーズン、折茂は1試合平均20・3得点でMVPとベスト5に輝いた。そして臨んだ2002年3月のプレーオフ決勝。2年連続でトヨタ自動車といすゞ自動車の顔合わせだった。

2戦先勝方式で、3月14日に開幕した。初日は折茂の30得点の活躍もあり、トヨタ自動車が15点差を付けて圧勝。16日の第2戦は接戦の末、69－66でトヨタ自動車が悲願の初優勝を飾った。まだ弱かったトヨタ自動車に折茂が入社して9季目。やっと立てた頂点に、トヨタ自動車のベンチはお祭り騒ぎとなった。

佐古が所属するいすゞ自動車にとっては最後のシーズンだった。プレーオフ直前の2月、いすゞ自動車は経営再建を進めるため、バスケットボール部の活動停止を発表していた。トヨタ自動車が優勝を決めた試合の最後、佐古は同点を狙った3点シュートを放った。佐古へのパス供給が一瞬遅れ、ディフェンスに横から寄られたため、体勢を崩した中でのシュートだった。リングに向かったボールが少しずつ左にずれていく光景を佐古は覚えている。「ああ、終わったな」。最後のシュートは小浜監督に志願した。「いすゞの幕を引く最後のシュートは俺に打たせてほしい」と。チームが歴史を閉じる最後のシュートを他の誰かに打たれるくらいなら、俺が責任を持って打つ。主将を務める佐古が放った重いシュートだった。

試合終了のブザーが鳴ると、佐古は折茂に歩み寄り「おめでとう」と声を掛けた。そして、観客席にいる折茂の妻利佳と親のところに行き「折茂は頑張った。本当に良かったね」とたたえた。チームの有終の美を飾れなかった自らの悔しさより、ライバルとその家族への祝福を最優先した。

後に、折茂は利佳に「佐古さんはすごいよね。あなたは優勝しても私のところに1回も来ないのに」と言われることになる。佐古と比べられると折茂は分が悪くなるのだった。

佐古を入れてくれ

いすゞ自動車がこの試合を最後に休部し、佐古は移籍先を探した。折茂はトヨタ自動車の幹部に掛け合った。「佐古を入れてください。佐古が来ればチームは安泰です」

それまで互いに移籍をチームに申し出たことがあった。折茂は「いすゞに行かせてください」と主張し、佐古は「トヨタに行かせてください」と言った。不幸だったのは、互いに戦前に創業した名門自動車メーカーで、ライバル企業だったことだ。佐古がそう主張した時は灰皿が飛んできたという。自動車会社から自動車会社への移籍はかなわなかった。

いすゞ自動車が休部した今、機は熟した。佐古は「俺が先に移籍を決めると、若い選手の移籍先を一つつぶすことになる。他の選手が全員決まるまで待ってほしい」とトヨタ自動車に伝えた。

待っている間に、状況が変わった。

田臥勇太のトヨタ自動車入りが決まったのだ。後に日本人初の米国NBAプレーヤーとなる田臥はこの時、米国の大学を中退し、日本に戻ってきたばかり。秋田の名門能代工高では3年間、インターハイ、国体、ウインターカップを全て制し、日本で最も人気のある選手だった。運の悪いことに、佐古と田臥のポジションは同じポイントガード。田臥は21

歳、佐古は32歳と、10歳ほどの年齢差もあった。

トヨタ自動車の幹部は折茂に告げた。「うちは田臥でいく。佐古でなくて申し訳ないが、これは会社の判断だ」

佐古は最後まで入社を待ってくれたアイシンシーホースに移籍を決めた。

逆オファー

トヨタ自動車の試合は「田臥効果」で連日ほぼ満員となった。そのシーズンの最後、スーパーリーグのプレーオフ決勝はトヨタ自動車とアイシンの対戦だった。折茂は佐古と3年連続、決勝で相まみえた。

アイシンは佐古と同じ1970年生まれの後藤正規や佐藤信長、3歳年上の外山英明らベテラン選手が主力を務めており、「おじさん軍団」とも呼ばれた。そのアイシンが2連勝して初の日本一に輝き、トヨタ自動車は2連覇を阻まれた。折茂は「佐古が他のチームに行くとこうなるのは分かっていた」と悔しさをあらわにする。アイシンは翌シーズンも優勝し、〝常勝チーム〟への道を歩み始めた。

トヨタ自動車が次に優勝するのは、アイシンの初優勝から3季後の2005〜2006

シーズンまで待たなくてはならなかった。この時、35歳の折茂は外国人HCの方針で控えに回っていた。シーズンを終え、会社から減俸を提示された折茂は再び移籍を申し出た。

「バスケを長くやってきたが、ただ一つ心残りなのは、自分のチームで佐古とやったことがない。それをかなえてから引退したい」。そしてアイシンに「逆オファー」を出した。

最初は乗り気だったアイシンだが、最終的には折茂へ断りの電話を入れた。折茂は「最後に佐古とやりたいだけです。年俸はゼロでいい」と食い下がったが、アイシンの決断は覆らなかった。折茂は「トヨタ自動車とアイシンは同じトヨタ系列だから…」とポツリとつぶやいた。

40歳まで現役を続けた佐古は言う。「折茂と一緒にやるチャンスがある度に、いろんなものに阻まれた。だからこそ、そういう力に屈してはいけないと、逆にここまでやり続けてこられたんじゃないかな」

古い慣習が幅をきかせる世界をなんとか変えたい。反骨心が2人の絆をさらに強くした。

第4Q
そして、レジェンドへ

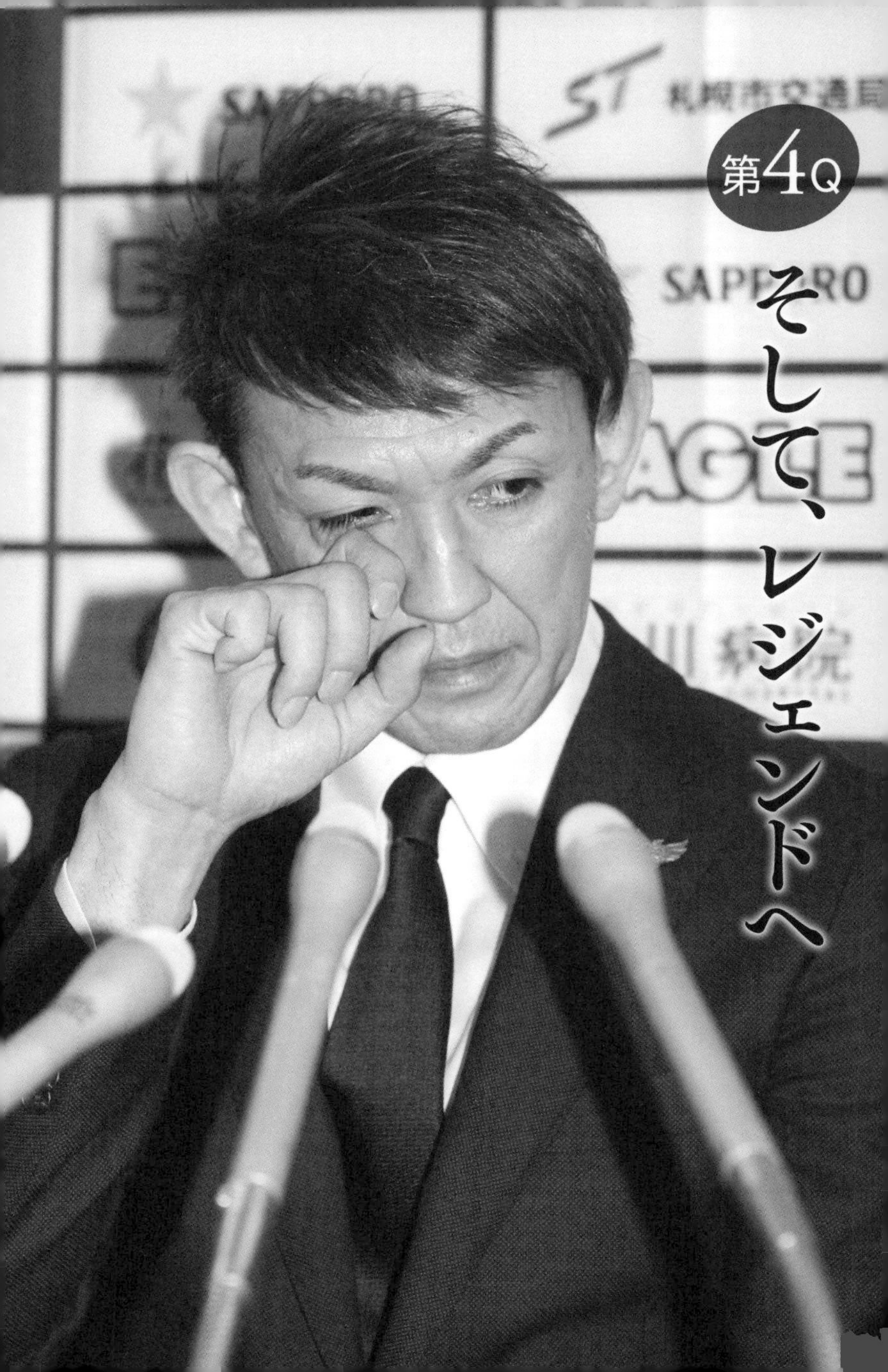

Bリーグ

「うちのチームは全員が社員選手。プロチームになると年俸が高騰するなど、多くの障害があります」

JBLに所属している企業チームがプロリーグ化に抵抗する現場を、折茂は目の当たりにした。

レバンガ北海道の経営者として、プロリーグ化を話し合う会議に出席した時だ。「なぜ、いつまでもプロリーグにならないのか。経営者として会議に出席して初めて事情が飲み込めた」

社員選手を抱える企業チームの担当者は自分のチームの立場を主張するばかりだった。

折茂は「企業チームからは、日本のバスケットボール界のためにプロ化して、リーグ全体を発展させようという意見が出てこなかった。言葉は良くないかもしれないけど、自分たちさえよければいいという考えに思えた」と内情を話す。

初めて会議に出席した2011年、JBLに所属する8チームのうち、プロチームはレバンガ北海道とリンク栃木のみ。プロリーグ化の主張は多勢に無勢だった。

会議にはプロチームが経営者を出す一方で、企業チームは部長クラスが出席することも多かった。部長たちは「私には決める権限がないので、持ち帰って検討する」と、その場で即決できないこともよくあった。「こんな会議をずっと続けてきたのか。全然ダメじゃん」

折茂が会議に出席し始めた2011年の6年前。プロ化が全く進まない日本協会傘下のリーグから新潟アルビレックスらが脱退し、独自に始めたのがbjリーグだ。

折茂は「bjはプロリーグを勝手に始めてけしからんと言われてきたけど、会議を見てきた僕は、bjリーグが一方的に悪いわけではなかったと思っている」とその行動に理解を示す。

日本協会傘下のリーグ、そしてbjリーグ。2つのリーグが存在したことで、日本バスケットボール協会は国際バスケットボール連盟（FIBA）から統治能力の欠如を指摘され、男女とも国際試合への出場停止処分を受けた。問題解決のために日本サッカー協会最高顧問の川淵三郎が特別チームのチェアマンに就任。「外圧」により、ようやく2016年に2リーグを統合したプロリーグが誕生した。それがBリーグだった。

初体験

レバンガ北海道が参戦したJBL（日本リーグ）は2013年、ナショナルバスケットボールリーグ（NBL）へと名称が変わった。プロチームは増えたものの、アマチュアの企業チームと混合で、依然としてプロリーグではなかった。

そのNBLは2015〜16シーズンを最後に3季で終えようとしていた。折茂はNBLのラストシーズン、45歳にして人生初体験をした。骨折だ。

11月14日の熊本戦で、折茂の右足に激痛が走った。「いままで体験したことないような痛みだった。骨が折れたなとすぐに分かった」。ピックアンドロールをした際、相手にダブルチームでマークされた。その時、相手の外国籍選手のかかとが右足甲を直撃したのだ。「相手がどうやって足に乗ってきたのか。なにしろ初めてのケースだった」

現地の病院でX線撮影すると、「骨折の疑いがある」と診断された。札幌の病院で精密検査した結果、右足甲の骨の表面が剥離していた。人生初の骨折だった。子供時代にいたずらばかりして、頭から血をダラダラ流して帰った時でも、骨を折ったことは一度もなかった。札幌の医師が「全治1カ月半くらい。これくらいで良かった。完全に折れていたら今シーズンはアウトだった」と言うのを聞き、折茂はホッとした。

日常生活で右かかとを着く分には痛くない。ただ、右足を蹴り出すと痛みが走る。そこでスポーツジムで自転車をこいだり、回復を早めるとされる酸素カプセルに2日に一度入ったり、体幹トレーニングをしたりと、シーズン中の復帰に備えた。

ところが、時間がたっても骨折した部分に変化がなかった。通常、骨折の後は時間とともに骨同士が自然とくっつくのだ。完治予定の年末になっても、剥離した部分はそのまま。治る兆候が全くないまま、新年を迎えてしまった。

折茂は「中途半端に亀裂が入ったためか、僕の頑丈な体が『これは骨折ではない』と認識しているのかもしれない」と冗談めかした。

骨密度を病院で計ると、一般人よりもはるかに高い。45歳だが、骨が弱っているわけではなかった。そこで主治医に骨の回復を早める注射を勧められ、毎晩、寝る前に小さな針が出ている注射を腹部に打った。2月の検査でようやく回復の兆候があり、手術の回避とシーズン最終盤での復帰が見えてきた。

チーム躍進

折茂が離脱している時に、チームは調子を上げていた。2月14日のアイシン三河戦から7連勝。4月にはレラカムイ北海道時代を含め、初のプレーオフ進出を決めた。

心情は複雑だった。もちろん、チームのプレーオフ進出はうれしい。自身にとっても北海道に来て9季目で初のプレーオフだ。しかし、選手としては「俺はもうチームから必要とされていないのか。そろそろ引退すべきなのか」と不安にさいなまれた。

試合に復帰したのは5月2日の三菱電機名古屋戦。リーグ戦は残り4試合になっていた。折茂がコートに立つと、本拠地の北海きたえーるは大歓声で迎えたが、約半年ぶりの試合は本来の動きとほど遠く、無得点に終わった。

リーグ戦は28勝27敗。12チーム中の6位で、8位までが進出できるプレーオフに進出した。

初進出したプレーオフの1回戦は5月14、15日、横浜文化体育館でリーグ3位の東芝神奈川と戦った。東芝神奈川は日本屈指のスコアラー、ニック・ファジーカス、日本代表のシューター辻直人、元チームメートのジュフ磨々道ら強豪選手が揃っている。

初戦、レバンガの選手たちは肩に力を入れすぎた。相手の得点源である辻とファジーカスを徹底マークし、前半こそ40－41と互角だったが、第4Qにベンチスタートのブライアン・プッチと栗原貴宏に立て続けに3点シュートを決められ、69－84で黒星を喫した。折茂はコートに立つことなく、ベンチから仲間に声援を送った。

気勢をそがれたのか2戦目は序盤から主導権を握られ、68－81で完敗。折茂は約2分間の出場で無得点だった。よほど気合を入れて臨んだのだろう。レバンガ北海道の選手の中には涙を流して悔しがる者もいた。

結局、東芝神奈川はレバンガ北海道に圧勝したのを足掛かりに、NBL最終シーズンの頂点まで一気に駆け上がった。

折茂は「企業チームの財政にはまだ追いつけない。いつになったらこの格差を縮められるのか」とうなった。

プロリーグ開幕

新しいリーグの川淵三郎理事長が、都内でチーム名を次々と読み上げた。後に「Bリーグ」と名付けられるプロリーグの1部に参入する最後の6チームだ。

レバンガ北海道はホームコートである札幌市の北海きたえーるでパブリックビューイングを行い、折茂や桜井、ファンが固唾を飲んで見守った。

「日立サンロッカーズ東京」

「新潟アルビレックスＢＢ」

「滋賀レイクスターズ」

「横浜ビー・コルセアーズ」

「レバンガ北海道」

「富山グラウジーズ」

レバンガ北海道の名前が読み上げられた瞬間、札幌の会場に集まったファンから割れんばかりの拍手が沸いた。チーム設立からの思いが去来したのか、折茂はあふれる涙を抑えきれなかった。２０１５年８月、人前で流した初めての涙だ。

選考がギリギリまでかかった原因は、約１億５千万円の累積債務。正栄プロジェクトからの借り入れだった。

僕は鬼になる

２０１６年９月のＢリーグ開幕に向け、折茂は思い切った決断をする。チーム予算を大幅に削ったのだ。選手人件費の総額を前季から約３割ほど削り、開幕時の選手数をリーグ最低ラインぎりぎりの10人とした。通常は少なくとも12人の選手を揃える。

「僕は選手としての立場で考えてきたから、予算面で無理をしてでもいい選手を揃えようとしてきた。チームを勝たせてファンに喜んでもらいたかった。だから、クラブが赤字を続けてきたのは僕の責任」

初めてプレーオフに進んだ前季のＮＢＬ最終シーズンも赤字を計上し、累積債務解消までの道のりがさらに遠のいた。

レバンガ運営会社の財政は厳しかった。財務担当者は月末が近づくと、青い顔をして折茂のもとに飛んできた。「来月の運営資金がありません」。折茂はその度に正栄プロジェクトに出向き、借り入れのために頭を下げた。その繰り返しが積もり積もってきたのが累積債務だった。「正栄プロジェクトがついてくれるからとずっと甘えてきた。僕はこれから鬼になる」

選手数を減らしただけではない。

レラカムイ北海道の創設時から毎年続けた夏の稚内合宿も中止した。外国籍選手は直接視察せず、最後はＹｏｕＴｕｂｅを見て決めた。折茂自身は骨折で前季の大半を棒に振ったため、3割減の年俸提示をそのまま受け入れた。そのため、年俸額はほとんどのチームメートの額を下回った。試合の演出にも金を掛けず、基本的に前季と同じにした。身の丈に合った経営への転換。折茂はチーム経営5季目にして、素人経営からの脱皮を図ろうとしていた。

「強い選手を集めるよりも運営会社の財務体質をしっかりする方が大事。そうしないと結局は強いチームにならない。これまで僕は逆のことをしてきた。クラブの予算組みも年間計画ももう人任せにしない。クラブの黒字化はマストの課題だ」

選手流出

他のチームは今まで以上に強い選手を揃え始めた。移籍市場も活性化し、必然的に選手の年俸は軒並み上がった。これもプロリーグ化の一つの側面だ。

レバンガ北海道はその流れに逆行した。選手の年俸を抑えつつ、なんとか選手の引き留めを計ったが、主力選手の流出は止められなかった。チーム総得点の約3分の1となる1295得点を挙げたエースのジェロウム・ティルマンは名古屋ダイヤモンドドルフィンズに移籍した。元日本代表センターの青野文彦はB3のライジングゼファー福岡に移った。

46歳で初めてプロリーグを迎える折茂は開幕の数カ月前、レバンガ北海道の水野宏太H

Cを昼食に誘った。水野は自身初のヘッドコーチ1季目を終えたばかり。折茂は札幌市内のすき焼き店で自身の使われ方について訴えた。

折茂のプレータイムは水野HCのもとで大きく減っていた。折茂がどんな状況でも得点できるのは、コート内で試合の流れをつかみ、プレーの感覚を研ぎ澄ませてきたからだ。前半に少し出ただけでずっとベンチを温め、終盤の緊迫した場面で出されても、折茂といえどそう簡単にシュートを決められるわけではない。

折茂は「このまま腫れ物みたいに扱われると、50歳までできてしまう。それもどうかと思うわけ。もし試合で大けがをして選手生命が絶たれても、それは僕の責任。それで引退するのなら納得できる」と、もっと酷使するよう〝進言〟した。

33歳の水野は「折茂さんに気を使っていました」と説明した。折茂が日本バスケットボール界の宝であるのは水野も認めている。だからこそ大けがをさせてはいけないと、ベンチにいる時間を長くしていたと話した。

引退するつもりで

折茂はBリーグ1季目で引退するつもりだった。自身が納得するプレーをしてからコートを去ろうとしていた。水野ＨＣにただ「使ってほしい」と進言したのではない。骨折で棒に振った前季の雪辱を果たそうと準備していた。

経営者となってからはオフシーズンに全く体を動かさなかったが、「骨折していた期間がオフみたいなもの。だからもうオフはいらない」と体を動かし続けていた。

チーム躍進の陰で、選手としては複雑な気持ちを抱いていた折茂。心配した周囲は心と体のケアをするため、整体を勧めた。最初は札幌市中心部から車で約30分のところにある小金湯温泉に行き、温泉施設の一室を借りて柔道整復師に整体の施術をしてもらった。

シーズンが終わると、札幌市内の整骨院に通った。初夏にチーム練習が始まると、練習後に会社に行って経営者として働き、その後に整骨院に行った。整骨院が一般営業を終えた午後8時ごろ、折茂はそのドアをノックする。仕事で遅くなった時は午後10時に始まり、日をまたいで午前1時に終わったこともある。

46歳となった折茂は体のあちこちにガタがきていた。腰や膝などの関節がスムーズに動かなくなっており、痛み止めが欠かせなかった。「スペースを見つけてそこに行こうと思っても、昔のようには動けなくなっていた。頭で指令を出してから動くまでに時間がかかり、それでスペースがつぶれたり、パスをもらえなくなっていた」と話す。腰と膝を曲げると痛みが走るため、転がったボールを取るのもつらかった。整体のおかげで、Bリーグ開幕前には体がスムーズに動くようになった。

44点差の大敗

10人でシーズンを迎えたチームは、少人数ならではの危機を迎えていた。

開幕直前、入団2季目で24歳の副主将牧全が、練習中に転倒して左手首付近の舟状骨を折った。舟状骨骨折はやっかいで、完治まで数カ月はかかる。動ける選手が9人となり、5対5の実践練習ができなくなった。

不幸は続いた。開幕から6試合目、得点源として期待されたスモールフォワードの西川貴之が右太ももを負傷した。西川は国際大会「ウィリアム・ジョーンズカップ」の日本代表に選ばれたばかりの期待の24歳だ。さらには、新加入した外国人選手のブライアン・フィッツパトリックが開幕8戦目に左ふくらはぎを負傷し、リーグ序盤で早くも3選手が離脱した。

動ける選手が7人となったチームは、近くの大学からバスケットボール部員を借り、形の上だけでも5対5の練習をした。大学生が相手だけに、体同士のぶつかり合いなど練習の強度が不足するのは否めなかった。

7人が総力戦で試合に臨んだ。もはや若手もベテランも関係ない。開幕から10試合目となる10月23日にアウェーで行った千葉ジェッツ戦。46歳の折茂は2季ぶりに先発起用された。ファウルトラブルを避けようと、チームは得意とするマンツーマンディフェンスの時間を減らし、ファウルを取られにくいゾーンディフェンスを多用した。

ところが、強力布陣の千葉ジェッツに全く歯が立たなかった。ゴール下を固めたためアウトサイトへのプレッシャーが弱くなり、3点シュートは富樫勇樹の4本を筆頭に計10本を決められた。さらには千葉お得意の速攻を繰り出され、決められたダンクシュートは9本。52―96で大敗した。44点差の敗戦はレラカムイ北海道、レバンガ北海道を通じてワースト記録だ。相手に15スチールを許すなど、いいところがなかった。

折茂は31分間の出場で14得点したものの、チームを鼓舞するようなプレーはできず、「今は我慢してやっていくしかない」とうなだれた。選手10人で長いリーグ戦に臨むのは、やはり無謀だった。

公開説教

そんな中、折茂のシュートタッチは冴えていた。整体に通ったおかげで体の痛みがすっかり消え、痛み止めも手放した。体勢を崩しながらのタフショットも、まるで簡単なシュートであるかのように決めきった。

通算９千得点を３点シュートで到達させる
（2016年11月28日、北海きたえーる）

節目のトップリーグ通算9千得点は、チームが苦しむ状況下で達成した。2016年11月28日、北海きたえーる。相手はくしくも1カ月前に大敗した千葉ジェッツだった。通算9001得点目となる3点シュートは、折茂が得意とする「だまし」のテクニックを存分に発揮した。

第1Q、残り50秒。右ウイングの位置からチームメートの青島心をスクリーナーとして使い、その右横をすり抜けるようにゴール下に向かって走り出した。マッチアップした千葉の上江田勇樹は青島と折茂の間に体をねじ込み、折茂の前に立ちはだかる。折茂はさらに前に行くと見せかけて、両手で上江田を軽く突き飛ばすようにして再びウイングの位置にスルスルと戻った。上江田があわてて追いかけ、左手を伸ばしたが時すでに遅し。パスを受けた折茂はすでにシュート態勢に入っていた。

節目の3点シュートに会場は沸いたが、この日、盛り上がったのはここが頂点だった。その後は地力に優る千葉にこの日も圧倒され、22点差で敗れた。

試合後にコート上で行われた記念インタビューで、折茂は笑顔をほとんど見せなかった。「今日はすみません」と口を開いた後、「本当にふがいない試合が続いてしまって、申し訳ない気持ちでいっぱいです」とファンに謝罪した。

インタビュアーはなんとか前向きなコメントを引きだそうと、さらに質問を続けた。それが良くなかった。折茂は言葉を紡ぐほどに本音が漏れだした。ついに、けがで長期離脱している選手へのいらだちが爆発した。

「頼むぞ西川、牧！　おい、お前ら2人だよ!!。はぁ、じゃねえよ。はぁじゃ!!」

もはやインタビューでも何でもない。公開説教である。運悪く、この日はＮＨＫがＢＳ１で全国中継しており、怒りのマイクパフォーマンスがお茶の間に流れた。初めて折茂を見た視聴者の中には、思わず吹き出した人がいるかもしれない。野口は振り返る。「あの試合はチーム状態が最悪でした。人数が少ないとかの言い訳できるレベルではなく、黒星続きで、チームのみんなが心を一つにできていなかった」

日本男子のトップリーグで通算９千点を挙げたのは、日本生まれの選手では折茂が初めて。通算24季目で迎えた大記録となった。折茂がトヨタ自動車に入った１９９３〜９４シーズンの試合数は10試合。翌シーズンから16試合が６季続いた。この少ない試合数を見ても、折茂が試合でどれほど長くプレーし、得点を重ねてきたかが分かる。なお、Ｂリーグは年間60試合ある。

米国生まれで日本国籍を取得した選手を含めると、千葉ジェッツのマイケル・パーカーが前季に通算9千得点を達成しており、折茂は2番目となる。インサイドを主戦場とするパーカーは2008年に来日し、bjリーグで6季、NBLで3季、そしてBリーグで千葉に入っていた。パーカーがbjリーグに入った最初のシーズンは52試合あった。

レバンガ北海道の7人体制は11月初めにアマチュア契約選手を入れ、外国籍選手を入れ替えるなどしてようやく解消した。

通算1万得点

節目といえば、通算1万得点の節目の試合も黒星だった。Bリーグ3季目の2019年1月5日。愛知県のウイングアリーナ刈谷で、シーホース三河2連戦の2戦目だった。節目まであと8得点で三河2連戦を迎えたが、1、2戦目とも徹底的にマークされた。マッチアップしたのはレバンガ北海道でチームメートだった西川貴之。レバンガから三河に移籍して2季目に入っていた。

折茂のフェイクを熟知している26歳の西川に、48歳は苦戦を強いられた。普段はやる気をあまり表に出さない西川だが、この2日間は目つきが違った。折茂にべったり張り付き、時には顔と顔をつきあわせて守備をするフェイスガードまで繰り出して、折茂にボールが渡るのを防いだ。折茂の歴史的な節目を見ようとウイングアリーナ刈谷の最多入場記録を塗り替える3070人の観客を前に、初戦はわずか2得点に終わった。

2戦目でようやく記録に到達した。折茂らしいスクリーンプレーからのシュートだった。第4Q、6分すぎ。西川がベンチに下がっている時間帯だった。

リングに向かって右斜め45度付近をゆっくり走っていた折茂が急にUターンし、ポイントガードがいるトップに向かった。折茂の意図に気付いたスペイン人のドブラスがスクリーナーとなり、折茂はその横をギリギリで通る。マッチアップする三河の加藤寿一が振り切られた瞬間、松島から片手でワンバウンドパスが出された。ボールを受けた折茂はやや前のめりになりながらもジャンプシュート——。

試合後に両チームの選手がすれ違ってあいさつする時、折茂は日本代表で一緒に戦った三河の桜木ジェイアールと抱き合った。

アウェーにもかかわらず、三河から花束贈呈と記念インタビューがあった。次の目標を聞かれると「ないです」と2834人の観客を笑わせた。そして「(桜木)ジェイアールが〝まだ〟42歳なので、彼に任せれば頑張ってくれると思います」と、折茂にしか言えないコメントで観客を楽しませるのだった。

存在証明

50歳手前までトップリーグの第一線でプレーしてこられたのはなぜか。

折茂は逆説的にその理由を話す。「僕は能力がなかったからここまで続けてこられた。もともと人より足が速いわけでも、人より高く跳べるわけでもなかった」。身体能力に優れた選手ほど、その能力が衰えると若い選手に追い越されて引退してしまう。スピードやジャンプ力などに頼るプレーは年齢とともに必ず衰えるからだ。

折茂は持久力こそ人並み以上だったが、その他の身体能力が高くなかったがゆえに、点を取るための独自技術をひたすら追求した。

「僕は点を取ることに特化してきた。相手との1対1の駆け引きで、どのように相手を引き離せばいいのか、どのタイミングで空いたスペースに入ればいいのか常に研究してきた。相手を1秒引き離せばシュートを打つスペースができる。そこに執着してきた」

折茂が使うのは「だましのテクニック」だ。それは、日本屈指のスコアラーで「オフェンスマシーン」と呼ばれた川村卓也のように、ボールを持ってから相手と駆け引きする華やかなプレースタイルではない。ボールをもらう前に相手をだまして自分との距離をとる。言い換えれば、パスをもらう前に勝負をつけてしまうのだ。

右に行くと見せかけて左に行く。ボールに興味ないふりをして、いきなり動いてパスをもらう。「ちっ」と舌打ちをし、フォーメーションが崩れたと見せかけて、当初の予定通りに動いてシュートに持ち込む。審判の目を盗んで相手を突き飛ばす。卑怯という表現は、コート上の折茂にとっては褒め言葉になる。「折茂さんはうそつき」と、毎日一緒にいるチームメートも言う。

若い時は運動量も豊富だった。コート内をぐるぐると動き回り、マークマンと追いかけっこ。追いかける側の息が切れたところで折茂は味方のビッグマンを壁として利用するから、相手にとってはたまらない。うまく対応されて相手との距離を保てない時には、あたかも相手の手が当たったかのように体勢を崩してファウルをもらう。

持久力は埼玉栄高時代のハードな練習で培った。高校2年からは「頭を使った動き」を考え始め、日大では「フリーになるにはどうしたらいいのか」と研究した。大学2年の時、秋田・能代工高から身長205センチ、体重100キロ超の関口聡史が入部してきた。体格を見込まれ、1年生から試合に出ていたビッグマンに折茂は目を付けた。「あいつの陰に隠れたらいいんじゃないか」と、スクリーンプレーの基本を研究した。

手がつけられない

大学時代に折茂が日本代表候補合宿に呼ばれた時、日本代表監督を務めていた清水良規。トップリーグの松下電器で1980年から16シーズン監督を務め、優勝9度の輝かしい経歴を誇る。その後もパナソニックや熊本ヴォルターズで監督を歴任した。

日大を卒業する折茂を清水は欲しがったが、「日大から松下電器に進むルートがない」と断念した。ライバルチームに入った折茂は手がつけられなかった。「マークが1人ではまず無理。周囲の選手の協力がないと折茂を止められなかった」。マークマンとの距離のつくり方が極めてうまかった。「折茂の動き方は理論的には教えられるが、実際にあのように絶妙なタイミングで動ける選手は過去にも現在にもいない。Bリーグになっても、40代後半の折茂の動きが一番うまい」と褒める。そして「バスケットボールはスピードだけではなく、タイミングと駆け引きが大事だと折茂は教えてくれる」と話した。

練習の最後にハドルを組む
レバンガ北海道の選手達
（2016年12月7日、
北海きたえーる）

折茂はよく「日本最高のシューター」と評されるが、折茂自身は自分をシューターと考えたことはない。あくまでもスコアラーと位置付けている。代名詞でもある3点シュートにもこだわりがなく、「得点を取れるならどんな形でもかまわない」と言う。3点シュートが多いのは、その方がチームに多く貢献できるからだ。

折茂がトヨタ自動車からレラカムイ北海道に移籍するとのうわさが出た2007年春、清水は折茂の携帯電話を鳴らした。「お前はトヨタの功労者だ。トヨタで最後を迎えるべきだ」と。できたばかりのプロチームに入り、不安定な立場に身を置くより、トヨタ自動車の栄光を背負ったまま第一線を退く方がいいという「親心」からだ。当時、バスケットボール関係者のほとんどが折茂の引退が間近だと考えていた。

周囲の予想をいい意味で裏切るように折茂は現役を続け、そして経営者としてはボロボロになりながらチームを北海道に残した。清水は「ここまで現役を続けるとは思わなかった。そして、折茂でなかったらチームを残せなかったと思う。それだけ北海道の人たちに愛されてきたのだろうし、その部分も尊敬している」と優しいまなざしを向ける。

NBAでも通用する？

折茂がトヨタ自動車で初めてスターターに定着し、リーグのベスト5に初選出されたのは26歳の時だ。それから33歳までの8季を総合すると、1試合平均20・7得点。身長とパワーのある外国人選手優位のスポーツで、190センチの細身の体でなかなか出せる数字ではない。

「日本で一番になることだけ目指していた。海外でプレーするなんて考えたこともなかった」と言う。それでも、元NBA選手でトヨタ自動車で一緒にプレーしたチャールズ・オバノンから「オリモはＮＢＡに行っても通用するよ」と言われたことは、ひそかな自慢だ。

伊藤大司。「常勝軍団」のアルバルク東京から２０１７～１８シーズンの開幕直前にレバンガ北海道に期限付きで移籍し、１季プレーしたポイントガードだ。米国モントローズ・クリスチャン高では主将を務め、後にＮＢＡのスーパースターとなるケビン・デュラントを率いたことでも知られている。

出場機会を求め、７季プレーしたアルバルク東京（トヨタ自動車）から移籍先を探した伊藤。レバンガからオファーを受けた時、トヨタ自動車の大先輩で尊敬する折茂を間近で見たいと思った。

「折茂さんは前季にレバンガの日本人選手で最多得点しており、40代後半の現役最年長選手。それでいて社長。そんな人はどこにもいない。プレーはもちろん、どんな人なのかも知りたかった。レバンガから話をいただいた時、これはチャンス！と思った」と、移籍先にレバンガを選んだ理由を話す。

同じ三重県出身で旧知の桜井がいたのも大きかった。伊藤の兄でアルバルク東京でヘッドコーチを務めた伊藤拓摩と桜井は同学年で、２人は中学時代に三重県選抜で一緒にプレーした。４学年下の大司は、自宅によく遊びに来た桜井と小学生の時から親しくしていた。

シーズン初白星の背景に

２０１７～１８シーズンの初勝利に伊藤は大きく貢献した。その背景には折茂の存在があった。

伊藤がチーム練習に合流したのは開幕戦の2日前だった。チームは翌日に富山に移動したため、練習に1日参加したのみだった伊藤は開幕戦に帯同せず、札幌で試合の動画を見ながら留守番をしていた。携帯電話が鳴ったのは、開幕戦が終わった9月30日夕方。伊藤は富山に緊急招集された。

黒星を喫した開幕戦で、野口が右足首を捻挫したのだ。伊藤は慌てて支度し、羽田空港に着いた時にはすでに夜中。空港近くのホテルに1泊し、翌日早朝の新幹線に乗り込み、試合会場に着いたのは試合開始の2時間前だった。すぐにチームミーティングが始まった。

「僕のユニホームどこにある?」などとひとしきりドタバタした後、あっという間に選手入場の時間となった。

その時、折茂から話しかけられた。「逆転負けした昨日の試合をどう見た?」。折茂は過去に伊藤と対戦し、その実力を認めていたからこそ、伊藤に助言を求めたのだ。伊藤にもそれが分かった。バスケットボール界のレジェンドを前に、どぎまぎしながらも「外国籍選手にもっと頼ってもいいと思います」などと素直に自分の意見を言った。コート入場の時も2人の意見のやりとりは続いた。「入団したばかりの僕に意見を求めてくれた。あの瞬間、チームに受け入れられたと思った」とホッとした表情で話す。

伊藤が呼ばれた開幕2戦目は、第3Qに最大22点差を付けられる大苦戦だった。18点差で迎えた第4Q。最後の10分間を全て任された伊藤はチームのセットオフェンスを覚え切れていないため、基本的なフォーメーションを中心に他の4人を統率。奇跡のような逆転勝利に導いた。「折茂さんに話しかけられて安心したのと同時に、一気に集中力を高められた。そのおかげで勝てたと思う」と話した。

スマートな選手

伊藤は、折茂のプレーを対戦相手と味方の両面から見ている。

トヨタ自動車（アルバルク東京）時代は、チームのスカウティングを通し、折茂がボールをもらうためにどのような動きをしてディフェンスを崩すかを学んできた。「運動能力もスピードも特別優れているわけではないのに、ディフェンスとのズレをつくれるスマート（頭のいい）なプレーヤー」との印象を抱いていた。

そのイメージは、チームメートの側から見た時に輝きを増した。「司令塔として実際に折茂さんを使うポジションで見ると、思っていたよりもずっとスマートだった。小さなフェイクを入れていたり、味方選手の動きが止まった絶妙なタイミングでスペースが生まれる動きをしたりと発見が多かった」と、尊敬する気持ちがさらに高まった。

同じ東地区など、シーズン中にレバンガ北海道と何度も対戦するチームがある。「相手も僕たちがどういうセットオフェンスを使うか分かっている。最後に折茂さんがシュートを打つプレーだと分かっているはずなのに、相手は折茂さんを止められないことが何度もあった」。分かっていてもだまされるフェイクの動き。伊藤は日本代表を多く抱えるアルバルク東京でも、折茂のように相手をだましてフリーになれる選手はいなかったという。「スクリーンの使い方だったり、マークマンとのズレをつくったり。自分のシュートをクリエイトする技術はBリーグでもトップ」と感心しきりだった。

最年長のいじられ役

ところが、レバンガ北海道に加入した最初の頃、練習で驚きの光景を目にするのだった。

「ノーマークっすよ。何外してるんすか」

「オリオリー、ちゃんと入れましょうよ」

大学を卒業したばかりの若手選手からいじられる47歳の折茂。折茂より16歳年下の伊藤は「折茂さんは僕が子供の頃から知っている有名な選手。日の丸も長く背負い、トヨタの大先輩でもあり、僕にとってはすごい人すぎて、あいさつするだけでも緊張するような存在。そのレジェンドになんてことを言うんだ、と思った」と、目の前に繰り広げられる様子を信じられない思いで見ていた。

レバンガ北海道の選手全員がそうだったわけではない。いじっていたのは主に「愛弟子」の松島良豪と、周囲を気にしないマイペースの関野剛平だ。松島と関野はふざけているのだが、桜井良太が折茂に発する言葉はニュアンスが違った。「こちらがヒヤッとするような、リアルで厳しいことをたまに言っていた」と伊藤。「良太さんは折茂さんとずっと一緒に戦ってきたので、そこは2人の関係性なんだなと思った」。北海道に一緒に移籍し、苦労を分かち合った2人だからこその関係と理解した。

伊藤もその環境に次第に慣れていった。折茂はロッカールームで若手と一緒にスマホゲームに興じ、試合後はじゃれ合っていた。「折茂さんって、気さくに話せるレジェンドなんだ」と緊張がほぐれた。練習で折茂がミスをすると、伊藤も「折茂さん！」と笑って突っ込めるようになった。

折茂はあえて垣根を低くしてるのではなく、伊藤によると天然だ。「最年長の折茂さんが若手にいじられても笑って済ませられるから、チームがいつも和やかな雰囲気になっている」と分析する。他のチームがうらやむような家族的な雰囲気は、折茂の存在が大きいようだ。

伊藤がレバンガで1シーズンを戦い終え、折茂の48歳の誕生日を2日過ぎた2018年5月16日、伊藤のスマートフォンに折茂からラインでメッセージが入った。

「今なにしてんの」

「事務所に向かっています」

「じゃあ、いいや」

「あっ、誕生日おめでとうございます」

「うざい」

「いやいや、うれしいくせに」

「全然うれしくない」

「また飲みにいきましょうよ」

折茂にあいさつするだけで緊張していた伊藤が、1シーズンを一緒に戦うとこのようになる。折茂はそれほど取っつきやすい存在のようだ。

盟友の視点

日本代表で苦楽をともにし、トップリーグではライバルチームとして戦った佐古は全く違う視点から折茂を見ている。

「昔も今もシュート1本の重みを知っている。僕は選手によく『一つ一つのプレーに意味を持たせろ』と言うが、彼のプレーにはすべて意味がある」

1本のパス、1本のシュート。折茂は繰り出すプレーのすべてに意味を持たせる。「無駄なプレー」はひとつもない。

佐古はよく「バスケットボールは展開のスポーツ」と言う。選手と指揮官はどのように主導権を握りながら試合を進めるかを常に考えている。40分間の中には、相手に流れが傾く時間帯が必ずある。その時に流れを食い止め、主導権を引き寄せるプレーをできる選手が重宝される。

観客席が最も熱くなり、流れがレバンガ北海道に傾く瞬間。それは間違いなく、折茂が

3点シュートを決めた時だ。折茂は試合の流れを読み、その時に最も効果的なプレーを選択できるからだ。対戦相手が試合前のミーティングで繰り返す言葉がある「折茂にシュートを決めさせるな。レバンガが勢いづく」

折茂のシュートは流れを引き寄せるだけでなく、チームの下支えもする。試合が劣勢の時、折茂の得点で終盤まで食らいついたゲームは数え切れない。桜井は「折茂さんが活躍すると試合に負ける」と茶化すが、どんなにリードされ、チームメートが劣勢の雰囲気に飲まれてボロボロのプレーをしていても、折茂だけはその空気に染まることなく淡々とゴールを重ねられる。

佐古は「彼のプレーがすごいとか、すごくないとか、いいとか、ダメとか、そういう範疇で見ている間は、選手としてまだ二流」と言い切る。40代になると、ディフェンスをすれば相手に抜かれ、ドリブルをすると相手にボールを奪われる。しかしシュートを放てば天下一品。その部分に目がいくうちは、折茂の真価を見誤ると言いたいのだろう。

日本のトップスコアラーが歩んできた道を思えば、佐古の言葉の意味が分かるかもしれない。

シュートを放つその後ろ姿に、日本を五輪に連れて行くと、世界を相手にシュートを打ち続けた姿が重なるだろうか。チームを北海道に残そうと頭を下げて回った姿が見えるだろうか。貯金を全て使って選手と社員の給料を捻出し、数億円の借金まで背負ったことが想像できるだろうか。「日本のバスケットボールを変えたい」と古い慣習と衝突し、多く傷ついてきた姿が透けて見えるだろうか。

そんな重いシュートを放つ選手が他にいるだろうか。

レラカムイ北海道とレバンガ北海道を長く見てきた観客の中には、折茂がシュートを入れるだけで涙があふれる人がいる。レバンガ北海道の関係者の中にも思わずハンカチで目を押さえる人がいる。その理由は、折茂の背中が物語っている。

引退

レバンガ北海道の運営会社が入っている事務所は、札幌市中心部から車で30分ほど走った厚別区内のパチンコ店の2階にある。もともと漫画喫茶だった場所だ。冬に事務所を訪れると、暖房が行き渡らないせいか、社員は厚手のジャンパーを着込み、首にマフラーを巻いて仕事していることもある。事務所を一歩出た空間はパチンコ店廊下の喫煙所とつながっており、タバコのにおいが充満している。

折茂はシーズンを終えると、選手兼任社長から、完全に社長の顔になる。スーツに身を包み、元漫画喫茶の事務所をさっそうと飛び出す。チームを支えてくれたスポンサー企業を回り、シーズンの報告とお礼を言うためだ。チームの運営を始めた2011年当時の不安そうな様子は、もうない。

経営者となってからは、現役続行についてゆっくり考える時間がなくなった。かつてはオフに沖縄に行き、海を眺めながら「来シーズンをどうしようか」と考えてきた。今は次から次へとやってくる経営課題に立ち向かう時間となった。

折茂がよく使う言葉がある。「戦力であり続ける限り、現役を続ける」。現役続行の基準を以前よりもシンプルにし、自分がチームに貢献できる余地があれば現役を貫いた。

それは、母親に怒られてばかりいた子供時代が影響しているのかもしれない。4人きょうだいの2番目という〝真ん中っこ〟は、いたずらをして母親に怒られる一方で、母親の愛情に飢えていた。だから人から必要とされると、その思いに応えようとしてきた。北海道に移籍する時も、経営者になったことも、現役続行を決める時も同じだ。

「僕ははっきりしている。必要とされるとすごく頑張れる。必要とされなくなった途端に興味がなくなる」

チームからそのシュート力を求められる一方で、自身は現役続行のモチベーションづくりに悩んでいた。正直に言うと、選手を続けるだけの動機がとっくになくなっていた。全てを経験してしまったからだ。

日本代表を長く経験し、その主将も務めた。トップリーグで日本人得点王に何度も輝き、3度の日本一も経験した。破格の年俸ももらった。満員の観客から大歓声も浴びた。「もう、すべてをやり尽くしてしまった」

現役か引退か

人生初の骨折をして、NBL最終シーズンをほぼ棒に振った2016年春。「このままでは終われない」とこの時は自らの意志を優先させ、シーズン中に現役続行を決めていた。自分はチームに必要な選手なのかと危機感を抱いたため、整体にも通った。現役を続けた理由はもう一つあった。「僕が待ち望んだプロリーグをコートの外からではなく、コートの中から見てみたいと思った」。秋にはBリーグ開幕が待っていた。

Bリーグ1季目は通算9千得点を達成した。全60試合に出場し、1試合平均8・9得点はチーム内の日本人で最多。自身のラストシーズンとして臨んだだけに、思い残すことはないように思えた。

ところが、シーズンの最後を飾るチャンピオンシップ・ファイナルを会場で見て、気が変わった。テレビ中継のゲストとして呼ばれ、1万人を超える観客の盛り上がりを目の当たりにしたのだ。自身がトヨタ自動車で3度の日本一を経験した時と、世間の注目度が雲泥の差だった。「俺は時代に選ばれなかった」と悔しさの入り交じった感情を思わず吐露した。悔しさを抱えたままコートを去るはずだった。

しばらく時間が経つと、悔しさを上回る感情がむくむくと湧いてきた。「あの場に立ちたい」と、持ち前の負けん気が頭をもたげた。

そして臨んだ記者会見。「東京オリンピックに出たい。プロとしてやる以上、最高の舞台を目指したい」と高らかに宣言した。50歳で臨む東京五輪に出られる可能性はぼぼゼロだ。しかし、高い目標を掲げて自らを奮い立たせないと、いくらファイナルを目指すと言っても長いシーズンを戦い抜ける気がしなかった。

似たもの同士

Bリーグ2季目が終わった後の2018年6月、最愛の母親が74歳で亡くなった。東京五輪を目指すと言った以上、引退するつもりはなかったが、いつものオフとは違う感情が芽生えた。「このシーズンを頑張って母親に認められたい」

折茂からみた母親とは、どのような人物なのか。「すごく厳しくて、なにしろ褒められたことがなかった。トヨタ自動車で優勝した時も褒められなかった」

母親と折茂は互いに強気で意地っ張り。兄の輝文に言わせると「似たもの同士」だ。母親の豊子は「私はファイナルしか行かないわよ」と言い張った。そのため折茂が北海道に来てからは、試合会場に足を運んだことは一度もなかった。大げんかをして数年間、連絡を取らない状態が続いた。

道内で開いた講演会で、母親について語ったことがある。「母親はいつまでも現役を続ける僕に、そんな老体さらして私は恥ずかしいわと言っている。でも、もしかしたら引退した時に褒めてもらえるかもしれない。それがちょっと楽しみなんだよね」

Bリーグが始まってテレビ中継が増えると、母親は折茂の試合を食い入るように見ていたという。

テレビ局の取材をきっかけに、折茂は再び母親と連絡を取るようになった。母親が体調悪化したとの連絡を受け、2018年6月中旬に東京の実家に帰った。4人のきょうだいも集まった。その時、折茂は母親から「よく頑張ったね」と褒められた。

折茂は1泊し、東京での仕事に向かうため家を出た。その時、なんとなく「もう会えないかもしれない」と感じ、再び実家に戻った。

「1回、抱きしめてくれ」。30秒ほど、母親とハグをした。それからは毎日、妹に「お母さんは元気か」と電話した。最後に会ってから1週間後の朝、母親は静かに息を引き取った。

Bリーグ開幕に向けて練習する
（2016年10月7日、北海きたえーる）

「きょうだいの中でも僕が一番の問題児と言われ、最も迷惑を掛けてきた。そんな僕がこれだけ長く現役を続けてこられたのも、母親が丈夫な体に生んでくれたから」と感謝の言葉を紡いだ。

母親を引退セレモニーに呼ぶはずだった。このシーズンに達成するはずの通算1万得点の節目の試合を見てもらおうと思っていた。「まさか自分の引退の方が後になるなんて夢にも思わなかった。母親のためにシーズンを戦いたい」と、自身26季目のシーズンに臨んだ。

このシーズン、チームは最も苦しんだ。B1ワースト記録を塗り替える22連敗も記録し、10勝50敗に終わった。B1残留を懸けて臨む残留プレーオフで横浜ビー・コルセアーズと戦い、２勝１敗でかろうじて勝った。「僕がこれまで経験した中で最も厳しく、屈辱的なシーズン。これでは終われない」と現役続行を宣言した。

今季で引退

それからわずか数カ月。折茂の気持ちに大きな変化があった。２０１９年9月30日。北海道新聞の一面に折茂の引退記事が載った。

「折茂、今季で選手引退」

地元ファンは引退を覚悟していたようだった。「北海道にプロバスケを根付かせてくれた」「チームを残してくれてありがとう」。新聞に掲載されたコメントには感謝の言葉があふれた。

10月1日、札幌市内中心部にある札幌グランドホテル。札幌でも最高クラスに位置付けられる開業85年の老舗ホテルで、折茂の引退会見が開かれた。

結婚式にも使われる広い会場には、テレビやネット動画のカメラ12台、スチールカメラマン13人、計80人の報道陣が集まった。ひな壇に座ったのはプロ野球選手でも、Ｊリーグ選手でもない。一人のプロバスケットボール選手だ。

「40歳を過ぎて体力の衰えはあるが、決して体力の衰えが引退の理由ではない。何かのきっかけがあったわけではない。いろいろなことがあり、ポンと引退しようと決めた」と引退の理由を語った。

「いろいろなこと」の中に何があったのか、折茂は説明した。

八村塁が米国ＮＢＡにドラフト１巡目指名され、その前のシーズンには渡辺雄太がＮＢＡのコートに立った。自分が考えたこともなかった夢の舞台に日本人選手が飛び込む時代になった。千葉ジェッツの富樫勇樹がＢリーグの日本人選手で初めて１億円プレーヤーとなった。「子供たちに夢や勇気を与える選手が出てきた」

そして、日本代表男子が２０２０年東京五輪出場を決めた。五輪出場は１９７６年モントリオール五輪以来、44年ぶりだ。前回の出場時、折茂はまだ6歳。バスケットボールにまだ出会ってもいなかった。そしてレバンガ北海道は3期連続で黒字の見通しとなり、橋本竜馬ら強豪選手も入団した。自分の強い思いで北海道に残したチームが、大きく変わる局面にきていることにも触れた。

「引退をいつ決断したかと聞かれても分からないが、今年の夏ごろ、バスケットボール界の状況を見て、レバンガを見た中で自然と決断できた」

目指した世界

五輪出場は折茂と佐古が社会人になってから描き続けた夢だった。

日本代表の練習が終わり、２人で一服した時。部屋に並べた布団の中で。閉店した広島パルコの前で缶コーヒーをすすりながら。２人は口癖のように言い合った。

「オリンピックに出れば絶対に日本のバスケットは変わる。だから俺らがオリンピックに出ないといけない」

五輪に出て、古い慣習が残る日本のバスケットボール界を変えたかった。プロ野球に負けないくらい注目され、子供たちが憧れる世界にしたかった。それができるのは自分たちだと信じて疑わなかった。

だが、折茂と佐古は五輪に縁がなかった。生まれてきた時代が少しだけ早かった。それでも、２人の後に出てきた選手たちがその夢をかなえてくれた。

折茂が主張し続けたプロリーグも始まった。目指してきた世界がいま、目の前に大きく広がっている。

「僕のやれる全ての責任を果たしたのかな」

実際にこの目で見るまではコートを去れなかった。

引退を決断してから、これまでお世話になった人に電話して報告した。トヨタ自動車から一緒に北海道にやってきたチームメートの桜井良太に直接伝えた時、桜井は「マジッすか」と目を丸くした。今では家族のように心が通じすぎて、冗談ばかり言い合っている2人。「毎年のように引退すると言っていたから、また始まったよと思ったけど、今回は本気だったから驚いた」

レラカムイ発足時から前季まで12季を一緒にプレーし、2019年春にサンロッカーズ渋谷に移籍した道産子選手の野口大介にも電話した。不器用な野口らしく、「お疲れさまでした」と寂しそうに話した。

宇都宮ブレックスの38歳、田臥勇太にも電話した。「最年長の僕が引退すると、事実上の〝最年長〟になる。今後のバスケットボール界をよろしくねと言ったら、彼からは『今シーズン、折茂さんの背中を見て、しっかり勉強させてもらいます』とありがたい言葉をもらった」

自らに言いきかせる

会見では苦しい胸の内も話した。

引退に悔いはないのか、との質問に「悔いだらけのバスケット人生だった。僕の性格の問題で、全てやりきって何も後悔なくすっきりして引退、ということにはならない」と述べた。

それならやめなければいいのに、と問われると「確かに。体が動けば辞める理由がないと今まで言ってきた。しかし、けじめという意味でも、やめなければいけない時期がくる。それがこのタイミングだったと自分に言い聞かせている」。

「頭では引退を理解しているが、体が拒否するということが続いていた。この場に立たせていただき、覚悟を持って、自分自身、心も体も決断ができた」

いつもは流ちょうに話すのだが、この受け答えだけは何度もつっかえた。まるで会見の場を使って「引退」を自分に納得させているようだった。今にも涙を流しそうな雰囲気が表情ににじんだ。

会見はちょうど1時間だった。その間、北海道への感謝の思いがあふれた。

トヨタ自動車時代は、自分のことしか考えない傲慢な人間だったと明かしている。「ファンサービス？　何それ」ということもしばしばだった。北海道に来た時もまだそうだった。その心を溶かしたのは、北海道の人たちだ。

北海道に来て一番うれしかったことは、との質問に「北海道に来てくれてありがとうと、いろんな人に声を掛けていただいたことが本当にうれしかった。だからこそ、2011年に前チームが消滅した時も、レバンガ北海道を設立する原動力になった」と言った。

チームは負け続けた。折茂が北海道に来てから引退会見までの12シーズンで、通算212勝363敗。

「チームを勝たせられなくても、応援して、支えて、必要としてくれた。人は必要とされると頑張れると教えてくれたのが北海道だった。北海道が僕の人生を変えてくれた。僕にとってかけがえのない特別な場所になった。北海道に来て良かった」

会見で触れなかった話がある。

レラカムイ北海道を創設した女性社長をどう思っているのか。

女性社長がしっかりと経営していれば、折茂がスポンサー獲得に苦労することはなかった。貯金を使い果たすことも、多額の借金も背負う経験もしなくて済んだはずだ。

「否定する気持ちは全くない。むしろ、レラカムイがあったから北海道に来られたし、プロ選手としていい思いもできた。レラカムイがなかったら、レバンガも今ここになかった」

自身最後のオールスターで桜井とともにベンチで盛り上がる
（2020年１月18日、北海きたえーる）

B.LEAGUE ALL★

エピローグ

折茂が開始11秒でファーストショットを沈め、夢のゲームは始まった。

2020年1月18日のBリーグオールスターゲーム。場所はレバンガ北海道のホーム、北海きたえーる。49歳の現役最年長選手はBリーグになって初めてファン投票で選ばれ、B・BLACKのスターターでコートに立った。

1億円プレーヤーの富樫勇樹（千葉ジェッツふなばし）、日本代表として活躍するニック・ファジーカス（川崎ブレイブサンダース）ら、今をときめく役者がそろった。その中で、ひときわ輝きを放ったのがレジェンドだった。

チームメートの意志は統一されていた。「最後のオールスターとなる折茂さんにMVPを取ってもらいたい」。パスが集められ、折茂がリングを射抜く。そのたびに、観客が大きな歓声を上げた。

ハイライトは試合終了直前にあった。残り1秒。折茂が3ポイントシュートを放った。きれいな弧を描いたボールは試合終了のブザーとともにリングに吸い込まれ、なかった。

ベンチから滑り落ちるＢ・ＢＬＡＣＫの選手たち。天を仰ぐ折茂の表情には、すがすがしさが漂った。なんとも折茂らしい幕切れの演出だった。

14得点で、トップリーグでは通算9度目のオールスターＭＶＰに輝いた。最後は両チームの選手から胴上げされ、背番号9が笑顔で3回、宙を舞った。

折茂の背中にはいつも「9」があった。

トヨタ自動車時代、背番号9は自分のためにプレーしていた。37歳でレラカムイ北海道に移籍し、ファンのために戦うことを知った。41歳になる年にレバンガ北海道を設立して経営者となり、人生で初めて人に頭を下げた。チームを残すために私財をなげうった。46歳で「鬼になる」と宣言し、赤字経営だったクラブを黒字化させた。

「折茂さんは変わった」。昔から折茂を知る人は口をそろえる。レラカムイ北海道とレバンガ北海道で折茂に関わった沼村詩は言う。「人はいくつになっても成長できると折茂さんは教えてくれる」

伊藤大司はアルバルク東京の背番号9について「特別な番号。永久欠番ではないけど、日本人選手が9番を付けようとすると、周囲から『その背番号を付ける意味は分かっているな』と過度なプレッシャーをかけられる。だから日本人選手は誰も付けられない」

背番号とともに変わらないのは、もう一つあった。2020年のオールスターの夜、折茂は両軍選手の多くを華やかな歓楽街すすきのに連れだした。オールスターのMVP賞金はみんなにおごって一晩で使い切る」。トヨタ自動車時代から続ける豪快な「伝説」はいまも生きていた。手にした100万円はあっという間になくなった。

選手兼社長。前人未踏の道を歩んだ先にあった現役最後のオールスターは、折茂が日本のバスケットボールの中心にいることをファン、選手、そしてバスケットボールに関わるすべての人に思い出させた。

選手として日本の頂点に立ち、素人経営者としてどん底に落ち、そして赤字経営が続いたクラブを安定軌道に乗せた。その背番号が示すように急激な弧を描いた人生を歩んだ折茂はいま、まばゆい光の中にいる。(敬称略)

折茂武彦　個人記録

年度	リーグ	チーム	全試合数	G 出場試合	GS スターター数	MIN 出場時間	PTS 得点数	PTS/G 1試合平均得点	3PM 3点シュート成功数	3PA 3点シュート試投数	3PCT 3点シュート成功率	2PM 2点シュート成功数	2PA 2点シュート試投数	2PCT 2点シュート成功率	FTM フリースロー成功数	FTA フリースロー試投数	F ファウル数	FD 被ファウル数	OR オフェンスリバウンド数	DR ディフェンスリバウンド数	TR トータルリバウンド数	AS アシスト数	ST スティール数	BS ブロック数	TOV ターンオーバー数
1993－94	日本リーグ	トヨタ自動車ペイサーズ	10	10	—	370	193	19.3	18	61	29.5%	61	132	46.2%	17	20	20	—	8	29	37	18	19	3	26
1994－95	日本リーグ	トヨタ自動車ペイサーズ	16	16	—	542	233	14.6	24	84	28.6%	59	156	37.8%	43	56	15	—	4	29	33	25	14	2	31
1995－96	日本リーグ	トヨタ自動車ペイサーズ	16	16	—	534	229	14.3	29	68	42.6%	61	140	43.6%	20	29	24	—	10	27	37	34	6	0	25
1996－97	JBL	トヨタ自動車ペイサーズ	16	15	15	527	283	18.9	27	54	50.0%	74	155	47.7%	54	69	22	—	7	26	33	21	12	1	27
1997－98	JBL	トヨタ自動車ペイサーズ	16	16	16	576	339	21.2	27	67	40.3%	104	221	47.1%	50	60	14	—	4	21	25	36	16	3	30
1998－99	JBL	トヨタ自動車ペイサーズ	16	16	16	570	318	19.9	30	59	60.3%	88	193	45.6%	52	69	17	—	8	25	33	41	8	3	31
1999－00	JBL	トヨタ自動車アルバルク	16	16	16	584	340	21.3	25	59	42.4%	95	205	46.3%	75	90	23	—	3	29	32	38	12	6	26
2000－01	JBL	トヨタ自動車アルバルク	21	21	21	760	418	19.9	25	88	28.4%	133	271	49.1%	77	98	38	—	7	33	40	66	17	4	47
2001－02	JBLスーパーリーグ	トヨタ自動車アルバルク	21	17	15	566	345	20.3	29	65	44.6%	102	207	49.3%	54	61	21	—	6	39	45	65	12	2	41
2002－03	JBLスーパーリーグ	トヨタ自動車アルバルク	21	21	21	722	434	20.7	31	72	43.1%	142	278	51.1%	57	73	21	—	4	48	52	61	10	1	46
2003－04	JBLスーパーリーグ	トヨタ自動車アルバルク	28	28	28	1034	632	22.6	68	164	41.5%	168	366	45.9%	92	111	33	—	15	66	81	118	24	4	58
2004－05	JBLスーパーリーグ	トヨタ自動車アルバルク	28	28	27	871	382	13.6	42	110	38.2%	110	226	48.7%	36	42	19	—	9	48	57	88	16	4	51
2005－06	JBLスーパーリーグ	トヨタ自動車アルバルク	26	26	3	484	235	9.0	48	102	47.1%	37	82	45.1%	17	24	31	—	7	27	34	23	16	2	16
2006－07	JBLスーパーリーグ	トヨタ自動車アルバルク	24	24	14	518	233	9.7	24	40	60.0%	69	118	58.5%	23	30	20	—	4	40	44	32	11	1	26
2007－08	JBL	レラカムイ北海道	35	34	34	1242	556	16.4	75	177	42.4%	131	291	45.0%	69	89	55	—	16	88	104	56	23	3	59
2008－09	JBL	レラカムイ北海道	35	35	35	1190	478	13.7	69	207	33.3%	97	232	41.8%	77	94	48	—	13	74	87	74	31	6	69
2009－10	JBL	レラカムイ北海道	42	41	40	1330	603	14.7	71	199	35.7%	141	314	44.9%	108	133	47	110	20	70	90	88	33	5	78
2010－11	JBL	レラカムイ北海道／北海道バスケットボールクラブ	36	35	35	1338	615	17.6	45	111	40.5%	192	417	46.0%	96	122	48	100	11	63	74	81	21	5	67
2011－12	JBL	レバンガ北海道	42	41	41	1367	665	16.2	72	177	40.7%	162	397	40.8%	125	151	63	115	19	80	99	78	25	3	91
2012－13	JBL	レバンガ北海道	42	41	40	1262	564	13.8	47	144	32.6%	150	372	40.3%	123	142	41	109	17	74	91	64	23	3	71
2013－14	NBL	レバンガ北海道	54	37	13	878	318	8.6	40	148	27.0%	81	170	47.6%	36	46	55	37	5	46	51	45	9	0	26
2014－15	NBL	レバンガ北海道	54	54	16	1007	360	6.7	56	149	37.6%	84	205	41.0%	24	33	57	32	1	54	55	58	13	4	47
2015－16	NBL	レバンガ北海道	55	13	0	115	50	3.8	7	15	46.7%	13	23	56.5%	3	3	5	4	2	6	8	7	2	0	8
2016－17	B 1	レバンガ北海道	60	60	12	1158	534	8.9	56	126	44.4%	141	325	43.4%	84	102	74	89	13	60	73	70	21	6	70
2017－18	B 1	レバンガ北海道	60	60	3	1114	472	7.9	49	135	36.3%	111	263	42.2%	103	129	68	104	12	57	69	80	24	1	54
2018－19	B 1	レバンガ北海道	60	59	2	968	380	6.4	51	132	38.6%	85	227	37.4%	57	66	59	51	12	45	57	51	20	3	63

2019年９月現在　Ｂリーグ提供

著者略歴

佐藤大吾（さとう・だいご）

1973年、東京都出身。立教大学法学部卒。北海道新聞社勤務。レラカムイ北海道の黎明期、レバンガ北海道のＮＢＬとＢリーグ時代を取材した。他に北海道日本ハムファイターズなどを担当。2006年全国高校野球選手権の駒大苫小牧と早実の決勝再試合、バンクーバー冬季五輪、平昌冬季パラリンピックも取材した。一児の父。

協力	レバンガ北海道
写真	北海道新聞写真部・道新スポーツ
装丁	佐々木正男（佐々木デザイン事務所）
本文ＤＴＰ	中西印刷株式会社
表紙カバー写真	湯山　繁（Bee Photo Office）
編集協力	五十嵐裕揮（北海道新聞出版センター）

折茂武彦　弧を描く

2020年３月28日初版第１刷発行

著　者　佐藤　大吾（北海道新聞）
発行者　五十嵐正剛
発行所　北海道新聞社
〒060-8711　札幌市中央区大通西３丁目６
出版センター（編集）電話 011-210-5742
（営業）電話 011-210-5744
印　刷　中西印刷株式会社

ISBN978-4-89453-983-9